//
基于农村电子商务的乡村振兴路径与策略优化研究

刘绍君 著

哈尔滨出版社

图书在版编目（CIP）数据

基于农村电子商务的乡村振兴路径与策略优化研究 / 刘绍君著. -- 哈尔滨 : 哈尔滨出版社, 2025.1
 ISBN 978-7-5484-7944-4

Ⅰ.①基… Ⅱ.①刘… Ⅲ.①农村－电子商务－研究－中国②农村－社会主义建设－研究－中国 Ⅳ.①F713.36②F320.3

中国国家版本馆CIP数据核字(2024)第110901号

书　　名：基于农村电子商务的乡村振兴路径与策略优化研究
JIYU NONGCUN DIANZI SHANGWU DE XIANGCUN ZHENXING LUJING YU CELÜE YOUHUA YANJIU

作　　者：刘绍君　著
责任编辑：韩金华
封面设计：蓝博设计

出版发行：哈尔滨出版社（Harbin Publishing House）
社　　址：哈尔滨市香坊区泰山路82-9号　　邮编：150090
经　　销：全国新华书店
印　　刷：永清县晔盛亚胶印有限公司
网　　址：www.hrbcbs.com
E-mail：hrbcbs@yeah.net
编辑版权热线：（0451）87900271　87900272
销售热线：（0451）87900201　87900203

开　　本：710mm×1000mm　1/16　印张：11.75　字数：210千字
版　　次：2025年1月第1版
印　　次：2025年1月第1次印刷
书　　号：ISBN 978-7-5484-7944-4
定　　价：68.00元

凡购本社图书发现印装错误，请与本社印制部联系调换。
服务热线：（0451）87900279

前　言

在信息化和全球化的浪潮中，中国农村正迎来一场全面而深刻的变革。农村电子商务作为新兴商业模式崭露头角，成为推动农村振兴的重要引擎。本书从学术性、实证性和前瞻性角度，全面解析了农村电子商务与乡村振兴的内在联系，深度剖析其对乡村经济、社会、文化和生态等多方面的影响，并用大量案例丰富了实操内容。

在第一章中，笔者回望研究的背景与意义，探讨了信息化和全球化对农村发展的推动作用，并介绍了农村电子商务作为新兴商业模式在乡村振兴中崭露头角。同时，通过对国内外研究现状的评述，笔者为读者提供了全面了解该领域最新进展的路径。研究思路与方法的设计也为后续深入剖析奠定了基础。

在第二章中，笔者探讨了乡村振兴和农村电子商务的理论基础，厘清了两者的概念、内涵及其逻辑关联。通过深入挖掘这一理论框架，笔者为后续分析提供了坚实的理论支撑。

第三章至第五章分别从经济、社会、文化与生态维度探讨了农村电子商务对农村的影响与优化路径等。在这三章中，笔者全面剖析了农村电子商务对农村产业、农民收入、市场体系、治理模式、公共服务、社会关系网络、文化传承和生态文明等的积极作用，并提出了具体的路径优化和策略创新建议。

在第六章，笔者进行了实证分析与案例研究，通过对不同类型农村地区电子商务发展模式的比较以及成功案例的深入介绍，向读者呈现了实证层面的丰富信息和案例启示。

第七章总结了全书的主要研究结论，提出政策建议与实践启示，并反思研究的不足之处，展望未来可能的研究方向。希望本书的研究成果能够为农村电子商务与乡村振兴的深入发展提供思路和参考，促进中国农村在信息时代的全面复兴。

目 录

第一章 绪 论 … 1
第一节 研究背景与意义 … 1
第二节 国内外研究现状与评述 … 2
第三节 研究思路与方法 … 5
第四节 创新点与学术价值 … 7

第二章 乡村振兴的理论基础 … 9
第一节 乡村振兴的概念与内涵 … 9
第二节 农村电子商务的概念与内涵 … 18
第三节 农村电子商务与乡村振兴的逻辑关联 … 34

第三章 农村电子商务对乡村经济的影响与优化路径 … 42
第一节 农村电子商务对乡村产业结构的优化效应 … 42
第二节 农村电子商务对农民收入增长的促进作用 … 47
第三节 农村电子商务对乡村市场体系的完善与创新 … 53
第四节 优化农村电子商务发展路径的策略建议 … 63

第四章 农村电子商务对乡村社会的影响与优化策略 … 84
第一节 农村电子商务对乡村治理模式的创新 … 84
第二节 农村电子商务对乡村公共服务水平的提升 … 92
第三节 农村电子商务对乡村社会关系网络的重构 … 99
第四节 提升农村电子商务社会效益的策略选择 … 106

第五章 农村电子商务对乡村文化与生态的影响和优化方向 … 120
第一节 农村电子商务对乡村文化传承的促进作用 … 120

  第二节　农村电子商务对乡村生态文明建设的推动作用⋯⋯⋯⋯ 127
  第三节　实现农村电子商务文化与生态价值的优化路径⋯⋯⋯⋯ 138

第六章　实证分析与案例研究⋯⋯⋯⋯⋯⋯⋯⋯⋯⋯⋯⋯⋯⋯⋯⋯ 156
  第一节　实证分析方法与数据来源⋯⋯⋯⋯⋯⋯⋯⋯⋯⋯⋯⋯⋯ 156
  第二节　不同类型农村地区电子商务发展模式的比较⋯⋯⋯⋯⋯⋯ 162
  第三节　成功案例介绍及其启示意义⋯⋯⋯⋯⋯⋯⋯⋯⋯⋯⋯⋯ 166

第七章　结论与展望⋯⋯⋯⋯⋯⋯⋯⋯⋯⋯⋯⋯⋯⋯⋯⋯⋯⋯⋯⋯ 172
  第一节　主要研究结论回顾⋯⋯⋯⋯⋯⋯⋯⋯⋯⋯⋯⋯⋯⋯⋯⋯ 172
  第二节　政策建议与实践启示⋯⋯⋯⋯⋯⋯⋯⋯⋯⋯⋯⋯⋯⋯⋯ 174
  第三节　研究不足与展望未来研究方向⋯⋯⋯⋯⋯⋯⋯⋯⋯⋯⋯ 176

参考文献⋯⋯⋯⋯⋯⋯⋯⋯⋯⋯⋯⋯⋯⋯⋯⋯⋯⋯⋯⋯⋯⋯⋯⋯⋯ 180

第一章 绪 论

第一节 研究背景与意义

一、研究背景

随着数字化生活方式的全面改变,农村市场体系正经历着根本性的重新塑造。这一变革对农村电商提出了更为迫切的要求,而农村电子商务的发展在新经济时代面临着众多紧迫问题,需要迅速进行深入研究、解决,以为乡村振兴提供坚实的基础。在这一背景下,深入探讨农村电子商务并研究其优化路径成为当务之急,旨在为推动乡村振兴提供可行的战略方案和政策建议。

数字化时代的到来使得农村电子商务发展面临了前所未有的机遇和挑战。随着消费者生活方式的变革,农村市场体系正迎来新的变化,这对农村电子商务提出了更高的要求。然而,农村电子商务在新经济时代的发展依然面临着多方面的问题,如物流、支付体系、网络覆盖等,这些问题亟待深入研究解决。

因此,对农村电子商务的深入研究具有重要的学术价值。通过深入分析数字化时代对农村电商发展的全面影响,可以为改进和促进农村经济发展提供实用的策略和建议。同时,针对农村电子商务面临的挑战和问题进行深入研究,以探索可行的解决方案,有助于推动农村电子商务的持续健康发展。这些研究成果将为乡村振兴战略的实施和农村电子商务政策的制定提供理论支持和指导,促进农村电商在乡村振兴中发挥更为积极的作用。

二、研究意义

(一)理论意义

农业、农村和农民问题一直是我国改革开放和现代化建设中亟待解决的重大难题。在国家层面,政府为弥补农村基础设施建设的不足、完善物流配送体系、培育农村市场主体、改善县域消费通道提出了深入实施电子商务进农村综合示范项目的战略举措。这一系列政策的制定和实施,为农村电子商务的发展提供了强大的支持和推动力。

本研究将从理论的角度出发，深入剖析农村电子商务发展的相关理论，旨在丰富和拓展农村电子商务领域的理论体系。特别是结合网络和品牌营销等相关理论，本研究将对农村电子商务的发展路径和策略提出新的理论观点，为学术界提供更为全面、深入的研究成果。通过理论层面的探讨，本研究旨在推动农村电子商务领域的理论创新，为该领域的可持续发展提供更为坚实的理论基础。这一理论研究不仅有助于深刻理解农村电子商务发展的内在机制，也为未来农村电子商务的制度建设和政策制定提供了理论指导。

（二）现实意义

农村电子商务的发展对于县域地区的整体发展具有直接而深远的实际影响。政府提出的电子商务进农村综合示范项目不仅是理论上的探讨，更是一项旨在改善农村经济状况、促进农产品上行和工业品下行的实际推行的战略任务。在这一背景下，本研究通过对相关文献资料的查阅和对农村电子商务发展现状的深入调研，旨在深刻揭示农村电子商务的实际运行情况，以便找出其中存在的问题和不足。

本研究的实际意义在于通过对农村电子商务的深入研究，发现其发展中的实际问题，并提出具有操作性的解决方案。在县域地区，对农村电子商务的推动不仅可以提高农产品的销售效益，还能够优化农村经济结构，促进产业升级。通过深入调研和实证分析，本研究旨在为政府和农村电子商务相关机构提供科学、可行的政策建议，推动农村电子商务的持续健康发展。

最后，本研究的实际意义还体现在为决策者提供有力的理论支持，使其在农村电子商务的政策制定和实施过程中能够更加科学、精准地引导和推动农村经济的发展。通过对实际问题的剖析，本研究将为政府决策提供更为切实可行的参考依据，为县域地区的农村电子商务健康发展提供实际操作的指导。

第二节　国内外研究现状与评述

一、国外农村电子商务研究现状

农村电子商务作为在市场经济下推动农村经济蓬勃发展的一种创新型经济模式，在不同国家的发展程度也大不相同。随着信息化技术的普及，电子商务在城市地区已实现飞速发展，但是在广大的农村地区还是相对滞后的。

（一）农村电子商务的定义

OECD 和 GIIC 的观点。按照 OECD 的定义，电子商务是指发生在开放网络上的商业交易，包括企业间（B2B）和企业与消费者之间（B2C）。而农村电子商务的着重点在于农村地区，其目的是通过拓宽农业生产的多种销售渠道来提高农村地区的经济收入。

全球信息基础设施委员会对电子商务的定义强调了通过网络通信作为贸易手段的经济活动。这种贸易方式不受时间、地理位置以及零售渠道所有权的影响，使得国有企业、政府组织、一般公民、企业家等各方都能够自由参与贸易活动。这一定义包括了农业、农牧业、渔业、私营和政府的服务业等领域，强调了电子商务的广泛适用性。

（二）农村电子商务的发展路径研究

农村电子商务的发展路径在国外相对较为成熟，信息化建设起步较早。联合国贸易与发展委员会提到，发达国家在计算机和互联网技术领域的普及程度为农业电子商务的高速发展提供了重要基础。农村通信基础设施和计算机网络系统的完善使得农业生产经营者能够及时、准确、系统地获取市场信息，从而显著降低了经营风险。

对于农村电子商务的成功发展，拉哈尤强调了网络通信基础设施的完善至关重要，因为良好的网络通信对于电子商务的顺利开展至关重要。波托格卢认为政府在偏远农村地区需要加强人口素质培育，并制定相关政策指导，以提供制度保障，从而保障农村电子商务的健康发展。小松提出农村电子商务发展的主要影响因素在于农民，农民需要密切关注市场信息以分析消费者的需求偏好，从而改变农村的销售方式。

二、国内农村电子商务研究现状

（一）农村电子商务的定义

农村电子商务的定义在学者研究中呈现多样性。赵玉明、侯新华、李丽阐述农村电子商务是一种利用互联网、自媒体等现代信息技术的商业活动，通过计算机、移动终端等设备完成涉农领域生产经营者的产品销售、服务出售以及线上支付等业务交易。

伍聪提出农村电子商务是一种通过现代网络信息技术手段进行商业活动的新电商模式。这一模式形成了以农业生产、农村经济和农民生活为核心的良性循环的信息生态圈。

唐宜英的定义强调农村电子商务以农业数字化为支撑，通过全方位管理、标准化运作、产业联合集聚来推动农村信息化进程。其目标是降低农民的生产风险、扩大农村商业版图，使农民成为电商平台的最大获利者。

李永飞提出农业电子商务是基于信息网络平台技术进行的商务贸易活动。通过电子工具，整合政府、企业、农民、消费者、物流中心、服务站点、金融机构等各个环节的要素，实现跨越时间和空间限制的商贸活动。

（二）加强农村电子商务的作用研究

农村电子商务的发展在推动现代化农业、提升农民生活水平以及繁荣农村经济方面发挥着关键作用。多位学者的研究表明了农村电子商务的多层次影响。

曾德彬、卢海霞指出农村电子商务通过低成本连接农民和市场，有效促进了"农产品上行"，解决了农业现代化发展中的历史性问题。张正荣、杨金东强调农村电子商务实现了虚拟价值链和实体价值链的耦合，成功实现了"工业品下行"。陈娟认为农村电子商务能够更高效地整合农村资源，为农村经济发展提供了更为高效的途径。李玲芳、徐思远、洪占卿提及农村电商通过网络平台实现了农产品与市场的直接对接，简化了涉农领域的流通，为农民提供了便利。

陈享光、汤龙、唐跃桓认为农村电子商务成功开辟了农村小企业连接网络大市场的通道，拓宽了农业产品的销售渠道，降低了信息不对称，进一步缩小了城乡差距。张兴敏指出随着电子商务在农村的应用，农民加入电子商务网络，推动了特色地理标志产品产销，形成规模化、集约化的货物与服务交易。李丽提出农村电子商务网络信贷有助于提高农村居民的消费水平和可支配收入，优化农村居民的消费结构。

潘劲平指出农村电子商务通过商品化产业嵌入推动传统产业的发展与创新，形成产业模仿与传播以及村外资源虹吸，增强了农村产业集群效应。宋丽霞认为基于电子商务平台促进农村产业集群集聚不仅可以提升农民生活质量，还可以推动传统农业的转型。这些研究结果清晰地描绘了农村电子商务在推动农村发展中的多重作用，为农业现代化和农民生活改善提供了有力支持。

（三）农村电子商务的发展模式研究

农村电子商务的发展涌现出多种不同的模式，为促进农村经济的繁荣和电商的可持续发展提供了丰富的经验。张丽群、顾云帆、高越提出了"一体两翼"3.0发展模式，其中一体包括电商精英、普通商户和电商企业，而两翼则由政府支持帮扶和电商平台赋能两个部分构成，形成了一个相互支持的生态系统。

侯艳艳强调在推动县域经济发展中，应构建新型农村电商生态圈模式，打破农村电商在地域中的离散状态，以更有效地推动电子商务在农村地区的实施。丽水市人民政府提出的"政府＋创新发展示范区＋市场"发展模式有效实现了居民和市场的有机衔接。

乔改红提倡大力发展自媒体运营模式，实现自媒体与电子商务的有机结合，通过拓宽农村电商的营销路径，同时有助于塑造电商产品品牌。在 5G 网络背景下，陈春茹强调线上线下有机融合是农村电商最优的发展模式。郑洁建议在农村区域建设电商服务中心，实现消费者线上下单、线下体验、服务到家的全渠道电子商务模式。

第三节　研究思路与方法

一、研究框架和结构设计

本研究将以乡村振兴理论为基础，以农村电子商务为核心，构建一个完整的研究框架（图 1-1）。分析农村电子商务对乡村经济、社会、文化和生态等方面的影响，从不同维度全面掌握其作用机制。

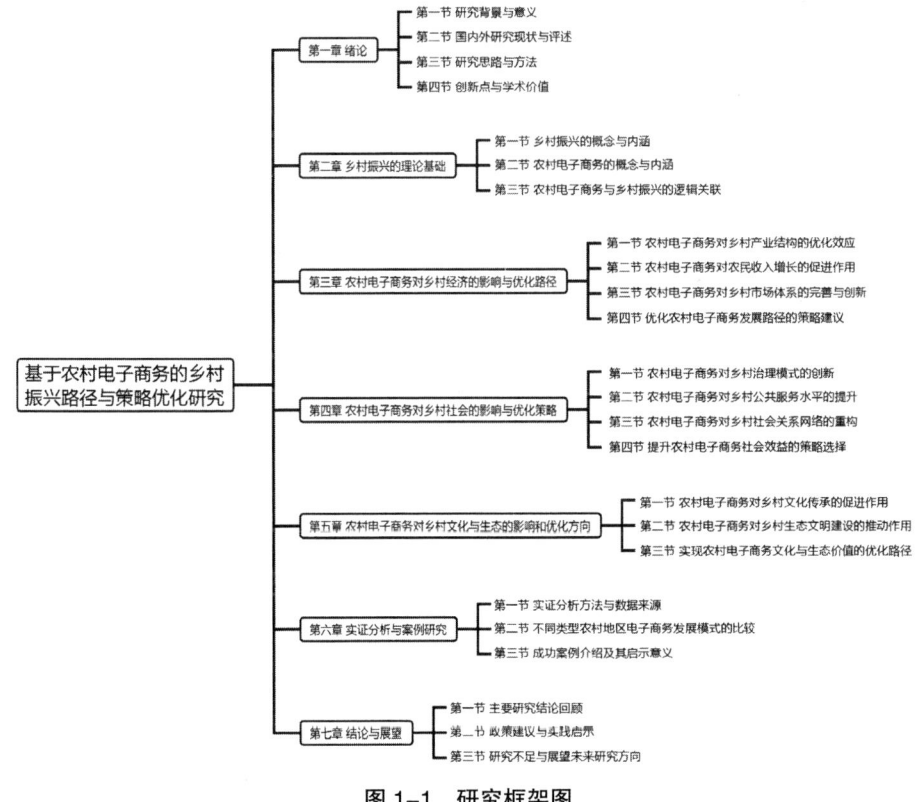

基于农村电子商务的乡村振兴路径与策略优化研究
- 第一章 绪论
  - 第一节 研究背景与意义
  - 第二节 国内外研究现状与评述
  - 第三节 研究思路与方法
  - 第四节 创新点与学术价值
- 第二章 乡村振兴的理论基础
  - 第一节 乡村振兴的概念与内涵
  - 第二节 农村电子商务的概念与内涵
  - 第三节 农村电子商务与乡村振兴的逻辑关联
- 第三章 农村电子商务对乡村经济的影响与优化路径
  - 第一节 农村电子商务对乡村产业结构的优化效应
  - 第二节 农村电子商务对农民收入增长的促进作用
  - 第三节 农村电子商务对乡村市场体系的完善与创新
  - 第四节 优化农村电子商务发展路径的策略建议
- 第四章 农村电子商务对乡村社会的影响与优化策略
  - 第一节 农村电子商务对乡村治理模式的创新
  - 第二节 农村电子商务对乡村公共服务水平的提升
  - 第三节 农村电子商务对乡村社会关系网络的重构
  - 第四节 提升农村电子商务社会效益的策略选择
- 第五章 农村电子商务对乡村文化与生态的影响和优化方向
  - 第一节 农村电子商务对乡村文化传承的促进作用
  - 第二节 农村电子商务对乡村生态文明建设的推动作用
  - 第三节 实现农村电子商务文化与生态价值的优化路径
- 第六章 实证分析与案例研究
  - 第一节 实证分析方法与数据来源
  - 第二节 不同类型农村地区电子商务发展模式的比较
  - 第三节 成功案例介绍及其启示意义
- 第七章 结论与展望
  - 第一节 主要研究结论回顾
  - 第二节 政策建议与实践启示
  - 第三节 研究不足与展望未来研究方向

图 1-1　研究框架图

二、数据收集与分析方法

为了全面了解农村电子商务的发展状况,本研究将采用定性和定量相结合的研究方法,以获取更为全面和准确的数据。首先,通过文献综述系统梳理和总结相关领域的研究成果和理论框架,为后续的实证研究提供理论支持。其次,运用案例分析的方法,通过深入挖掘农村电子商务项目的实际情况,揭示其发展中的成功经验和面临的挑战,从而提供实践层面的经验。

在数据收集的过程中,还将采用问卷调查等方式,以获取广泛的观点和意见。通过设计有针对性的问卷,向相关从业者、政府机构、农民等多种身份的受访者收集数据,以了解不同利益主体对农村电子商务发展的看法和需求。问卷调查的结果将为研究提供丰富的实证数据,为深入分析农村电子商务的发展现状提供具体的参考。

在数据分析方面,本研究将运用统计学、经济学、社会学等多学科的分析方法,通过建立合理的数据模型和指标体系,对收集到的数据进行深入剖析。同时,对于定性研究获取的资料,将采用系统性的分析方法,通过对案例和文献的详细解读,挖掘数据背后的内在关系和规律。整体而言,本研究将通过多角度、多层次的数据收集与分析,为深入理解农村电子商务的发展提供全面而可靠的研究结果。

三、研究的时间范围和地域范围

为确保本研究的深度和广度,笔者将选择代表性强、具有一定典型性的农村地区作为研究样本。这些农村地区将涵盖我国不同地域、发展水平和产业结构,以保证研究结果的普适性和代表性。在选择样本时,将综合考虑地理位置、经济特征、文化差异等多方面因素,以确保研究的全面性和具体性。

研究的时间跨度为十年,即2014年至今。这个时间跨度能够有效捕捉到农村电子商务在不同阶段的发展特点,同时也有助于分析其对乡村振兴的影响。通过对这一时间范围内的数据和事件进行系统整理和分析,可以更全面地了解农村电子商务的发展轨迹、趋势和影响因素。

第四节 创新点与学术价值

一、对农村电子商务与乡村振兴内在联系的深入剖析

本研究旨在深入剖析农村电子商务与乡村振兴之间的内在联系，探究其作用机制和相互影响的复杂性。通过理论分析和实证研究，将揭示农村电子商务在多个方面对乡村振兴的具体贡献，为深化理论认识提供新的视角。

第一，将通过文献综述和理论分析，梳理农村电子商务与乡村振兴的相关理论框架。通过系统性的理论整合，深入挖掘两者之间的内在联系，明晰二者相辅相成的关系。此阶段的研究将借鉴经济学、社会学、管理学等多学科的理论，构建一个全面而有深度的理论框架，为后续实证研究提供理论支持。

第二，通过实证研究方法，运用统计学和经济学等相关分析工具，深入挖掘农村电子商务在乡村振兴中的实际作用。将选择有代表性的农村地区作为研究样本，收集关于农村电子商务发展和乡村振兴的数据，并通过实证分析方法，揭示两者之间的关系。通过大量的实证数据更为具体地阐释农村电子商务如何推动乡村振兴，为政策制定提供实际依据。

第三，将通过深度访谈和案例研究等质性研究方法，从实际操作层面探究农村电子商务对乡村振兴的实际推动作用。深度访谈将涉及相关从业者、政府官员、农民等多方面的意见和看法，以获取更为全面和深入的信息。通过案例研究，将挖掘农村电子商务与乡村振兴相结合的成功经验和实践，为未来发展提供借鉴。

二、提出路径优化和策略创新建议

基于对农村电子商务与乡村振兴关系的深入研究，本研究将提出一系列路径优化和策略创新的建议，以推动农村电子商务的健康发展并更好地促进乡村振兴战略的实施。

第一，建议加强政策支持和制度建设。政府应出台更加明确、有针对性的政策，以支持农村电子商务的发展。鼓励建设电商示范区，提供税收优惠政策，同时制定相关法规和规章，明确电商领域的经营规范。政策制定应强调可持续性和包容性，确保不同地区和层次的农村都能够受益。

第二，路径优化建议包括优化电商平台和物流体系。电商平台应通过技术创新提升用户体验，推动平台多元化建设，提供更多农产品种类和服务。同时，

加强与农产品生产者的合作，建立更加紧密的供应链。在物流体系方面，推动建设更为高效、覆盖面更广的物流网络，降低农产品运输成本，提高物流效率。

第三，策略创新方面建议重视数字技术在农村电商中的应用。加强农村电商与人工智能、大数据、物联网等新兴技术的融合，提高智能化水平。鼓励农民采用数字技术管理农业生产，提高生产效益。此外，通过创新金融服务，为农村电子商务提供更为灵活和便捷的融资手段，促使更多农村企业入驻电商平台。

第四，注重培育农村电商人才，提升其专业水平。加强培训，引导大学生和农民参与电商创业，推动人才流动，促进知识和技术的传播。鼓励建立农村电商合作社，共享资源和经验，提高整体竞争力。

第五，加强社会各方参与，形成共同推动农村电商发展的合力。加强与社会组织、企业、科研机构等的合作，形成协同效应，共同推动农村电商与乡村振兴的深度融合。鼓励企业承担社会责任，推动可持续发展。

三、为学术界提供深度理论研究

本研究旨在通过深入探讨农村电子商务与乡村振兴，为学术界提供具有一定深度的理论研究。通过对现有研究范围的扩展，对相关理论进行深入探讨与完善，为该领域的学术研究提供新的理论支撑。在研究中，将细致地梳理农村电子商务与乡村振兴之间的内在联系，以及其在不同层面对乡村振兴的具体贡献。通过理论层面的深入挖掘，将为学术研究提供更为全面、深刻的结论，丰富并完善该领域的理论体系。

本研究将不局限于对已有理论的梳理，更致力于在相关领域中提出新的理论观点。通过对农村电子商务与乡村振兴的内在机制、影响因素等方面进行深入剖析，寻找理论的创新点，为学术界提供更具深度的研究成果。同时，本研究还将关注农村电子商务与其他领域的交叉点，拓宽研究视野，为学术界提供跨学科的理论框架。

通过这一深度理论研究，笔者旨在为学术界提供具有启发性的思考和新的研究方向。通过对农村电子商务与乡村振兴关系的深刻理论剖析，将为学术研究提供更为深层次的理论支持，推动相关领域的学术探讨向更深入、更广泛的方向发展。

第二章　乡村振兴的理论基础

第一节　乡村振兴的概念与内涵

一、乡村振兴的基本概念

（一）乡村振兴的定义

1. 乡村振兴的概念

乡村振兴作为我国改革开放历程中的战略性发展理念，旨在全面深化农村改革、推动农业现代化，进而实现农村的全面进步。这一概念的提出并非仅仅追求农村经济的单一增长，更注重农村全方位、全局性的发展。乡村振兴理念将农村问题视为一个复杂的系统工程，需要协调推动农村在经济、社会、文化等多个方面的全面发展。

在实践中，乡村振兴并非简单地注重经济层面，而是要综合考虑农村居民的生活水平、产业结构升级以及农村社会治理现代化等多个维度。这意味着实现农村全面振兴需要深刻理解和把握不同领域之间的内在联系。特别值得注意的是，乡村振兴的核心思想在于全面深化农村改革，这要求打破传统的体制机制，激发农村活力，推动农业和农村经济的创新发展。

在这一理念的指导下，乡村振兴的实质不仅在于提高农村经济水平，更在于推动农村社会文化、生态环境等多领域的协调发展。这种全局性思考要求政策制定者和实践者在决策和实施的过程中，充分考虑不同领域的交互作用，以促进农村各方面的均衡协调发展。

2. 乡村振兴的要点

（1）全面深化农村改革

乡村振兴的核心在于深化农村改革，打破传统的体制机制，激发农村活力，推动农业、农村经济的创新发展。

（2）促进农业现代化

乡村振兴将农业现代化作为关键要点,注重提高农业的科技水平、管理水平,推动农业产业的现代化发展。

（3）实现农村全面进步

不仅关注农业经济,更强调农村在社会、文化等多个方面的进步。这包括提升农民的文化素养、改善生态环境等多层面的要求。

3.乡村振兴的重要性

乡村振兴对我国经济社会的可持续发展至关重要,其重要性体现在多个方面。第一,乡村振兴有助于缩小城乡发展差距。长期以来,城乡发展不平衡一直是中国面临的严重问题之一。乡村振兴战略的实施将推动农村地区的全面发展,有望减缓城乡发展差距的扩大,实现城乡经济社会协调发展。

第二,乡村振兴旨在提高农民的生活水平。推动农村经济的多领域发展不仅可以提高农业产值,还有望创造更多农村就业机会,改善农民的收入状况。这不仅有助于实现农民的全面小康目标,也能提高农村居民的民生福祉水平。

第三,乡村振兴是实现全面建设社会主义现代化国家的必然要求。农村地区占据中国国土的大部分,农民是我国人口的重要组成部分。要实现全面建设社会主义现代化国家的目标,必须实现农村地区的现代化和农民生活水平的提高。乡村振兴战略为实现这一目标提供了重要支持。

第四,通过乡村振兴,可以构建更为均衡、协调、可持续的社会发展格局。在乡村振兴的指导下,不仅关注农村经济的发展,还注重社会、文化、生态等多个方面的协同发展。这有助于构建一个全面、均衡、可持续的社会发展格局,为我国的长远发展奠定基础。

（二）乡村振兴概念的演变

乡村振兴概念的演变是一个阶段性的过程,根植于我国改革开放以来的农村发展历程。其起初侧重于农业现代化和农村经济的发展,随着认识的深化和社会变革的推进,逐渐演变为强调农村全面进步,涵盖社会文化、生态环境等多个方面。这一演变过程体现了对农村发展认知的深刻变迁,从经济单一性发展到全面振兴的跨学科理念的演变。

乡村振兴在早期阶段主要关注农业现代化和农村经济的发展。这一阶段的关注点主要集中在提高农业产值、改进农业生产方式以及推进农村产业结构升级。政策和措施主要聚焦于提高农业生产效益,促进农村地区的经济增长。

随着社会经济的发展和人们对农村问题认识的不断深化，乡村振兴的理念逐渐演变为注重农村全面进步。这一阶段强调农村发展不仅是经济问题，还包括社会文化、生态环境等多个方面。农村振兴不再仅仅关注提高农业产值，还关心农民的综合福祉、农村社会治理现代化及农村文化传承等方面。

乡村振兴的最新阶段则呈现出跨学科理念的演变特征。这一理念认为乡村振兴需要多学科的协同作用，涉及农业、社会学、文化学、生态学等多个领域。强调乡村振兴是一个系统工程，要全面推进农村的经济、社会、文化、生态等各个方面的发展，以构建更为均衡、协调的乡村社会。

二、乡村振兴的内涵和目标

（一）农业现代化

1. 提高农业生产效率

乡村振兴旨在通过提高农业生产效率，推动农村全面发展。实现这一目标的关键在于技术创新和管理水平的提升。农业生产效率的提高不仅关系到农村经济的繁荣，更涉及农民生活水平的提升和农产品市场竞争力的增强。

在乡村振兴的背景下，技术创新是提高农业生产效率的关键。引入先进的农业生产技术是其中的重要一环。这包括但不限于新型农业种植技术、智能化农业管理系统、生态友好型农业方法等。通过科技的力量，农民可以更加科学合理地管理农田，优化农业生产流程，提高作物的产量和品质。例如，采用精准农业技术，可以根据土地的特征、气象条件等因素，为农作物提供个性化的种植服务，最大限度地提高产量。

同时，机械化设备的引入也是提高农业生产效率的重要手段。农业机械的使用不仅能减轻农民的体力劳动负担，还可以提高生产的效率和质量。例如，农用机械包括播种机、收割机、灌溉设备等，它们的运用可以加快农业生产的速度，减少资源浪费，提高农产品的规模化生产水平。机械化不仅提升了农业的生产效益，也使得农村劳动力得以释放，有助于吸引更多人才投身农业生产。

2. 加强农产品品牌建设

在乡村振兴战略中，加强农产品品牌建设是实现农村全面发展的重要环节。这一举措旨在通过塑造具有地方特色和品牌溢价的农产品形象，提高其附加值，促使农业产业链更加有序地融入市场，推动乡村经济的繁荣。

农产品品牌建设的核心在于塑造农产品的独特形象，使其在市场中脱颖而出。首先，强调地方特色是品牌建设的基础。不同地区具有独特的自然条件、土壤特性和气候环境，这为农产品赋予了独特的品质和口感。通过挖掘并突显这些地方特色，可以为农产品建立独具一格的品牌形象，使消费者对其产生浓厚兴趣。

其次，品牌建设的目标是提高农产品的附加值。通过打造有影响力的品牌，农产品不仅仅是原始农业生产的结果，更是一种具有独特标识和信誉的商品。品牌溢价使农产品在市场上能够取得更好的定价，提高农民的收入水平，同时也吸引了更多的消费者，形成了消费者对农产品的忠诚度。

最重要的是，品牌建设有助于实现农业产业链的市场融合。建立农产品品牌可以推动农业产业链向前延伸和向后延伸，形成更加完整的产业链条。农产品品牌的影响力促使相关产业参与者更加关注产品的质量和形象，从而推动整个产业链的优化和升级。

3. 推进农业科技创新

推进农业科技创新是实现农业现代化的重要路径之一。在乡村振兴战略中，持续推动农业科技创新涉及多个领域，包括但不限于基因改良、智能农业和数字化农业。这一系列创新举措旨在提高农业的科技含量和竞争力，为农业的可持续发展提供科技支撑。

第一，基因改良是农业科技创新的重要方向之一。通过基因工程技术，可以培育出具有更高抗病、抗逆性和产量的农作物品种。这有助于提高农业生产的效益和可靠性，降低农业生产过程中的风险，为农业现代化奠定坚实基础。

第二，智能农业的发展是推动农业科技创新的另一方面。利用先进的信息技术、传感器技术和物联网技术，实现对农业生产全过程的智能监测和管理。这不仅提高了生产效率，还降低了资源浪费，使农业生产更加智能化、精准化。

第三，数字化农业也是农业科技创新的关键领域。通过应用大数据、云计算等技术，实现对农业数据的收集、分析和应用。这有助于优化农业生产决策，提高资源利用效率，推动农业向着更加可持续的方向发展。

（二）农村经济多元化

1. 发展乡村产业

发展乡村产业是乡村振兴战略中的一项重要任务，其核心在于推动乡村经济的多元化发展。这一目标旨在通过引导和支持不同产业的发展，实现农村经济结构的多元化，减轻对传统农业的过度依赖，从而提升农民收入、改善农村生态环境，推动乡村振兴取得更为可持续的成果。

首要的是发展现代农业产业。通过引入高科技、高效益的农业生产手段，促进农业产业链的延伸和提质升级，从而提高农产品的附加值和市场竞争力。同时，发展现代农业产业还有助于吸引更多的青年农民参与农业生产，推动农村经济的年轻化和现代化。

其次是培育乡村特色产业。通过深挖农村的地域文化和资源优势，发展具有本地特色的产业，如特色农产品加工、乡村旅游等。这有助于提高农产品的附加值，吸引更多游客，推动当地经济的繁荣发展。

再次，支持乡村数字经济的发展也是推动乡村产业多元化的关键。借助信息技术，推动乡村电商、电子商务平台等数字化产业的兴起，促进农产品的线上销售和品牌推广，提高农民的收益水平。

除此之外，乡村产业的多元化还包括文化创意产业、生态农业等方面的发展。通过培育这些新兴产业，不仅能够提供更多就业机会，还有助于提升乡村经济整体的发展水平。

2. 提高农民收入水平

提高农民收入水平是乡村振兴战略中一个重要的目标，其核心在于通过多样化的经济活动，农民在经济发展中分享更多的红利，从而提升其生活水平，促进农村全面进步。

第一，发展现代农业是提高农民收入的重要途径。引入高科技和先进管理模式，提高农业生产效率，不仅能够提高农产品的产量和质量，也为农民提供了更多的就业机会。此外，通过农业产业链的延伸，农产品的深加工和价值链的提升，农民可以从事更有利可图的经济活动，获得更高水平的收入。

第二，支持乡村特色产业的发展也是提高农民收入的有效手段。通过挖掘和发展乡村的地域文化和资源优势，培育具有本地特色的产业，如特色农产品加工、手工艺品制作等，可以提高产品的附加值，创造更多就业机会，从而增加农民的收入来源。

第三，数字经济的发展也对提高农民收入具有积极影响。推动乡村电商、电子商务平台的建设，使农产品能够更便捷地进入市场，提高销售效益。同时，数字技术的应用也为农村创业提供了更多机会，农民可以通过网络平台进行销售、宣传和合作，进一步拓宽收入渠道。

第四，加强职业培训和技能提升也是提高农民收入水平的关键。通过提供农业技术培训、创业培训等服务，提高农民的生产技能和经营管理水平，使其更好地参与现代产业，实现更高水平的收入。

（三）社会文化繁荣

1. 推动教育发展

推动教育发展是乡村振兴战略中的一项关键任务，旨在提高农民的文化素质，加强人力资源的培养，从而使农村居民更好地适应社会发展的需求。以下是几个方面的重要举措：

第一，增加对乡村教育的投入。通过加大资金、人力等资源的投入，可以改善农村学校的硬件设施，提高教育资源的配置水平。这包括改建和修缮学校建筑，更新教学设备，购置图书和实验器材，为农村学校提供更好的学习环境。

第二，提高乡村教育的师资水平。通过加强教师培训和引进优秀教育资源，可以提高乡村教师的专业水平和教学质量。这不仅需要建立健全的培训机制，还要制定激励政策，吸引更多优秀的教育人才到农村从事教学工作。

第三，倡导农村学生走出乡村，接受更广泛的教育资源。可以通过建立教育合作机制，鼓励农村学生参与跨区域的学习交流活动，提高他们的综合素质。同时，引导学生树立正确的人生观和价值观，激发他们的求知欲望，为日后更好地服务于乡村振兴打下基础。

加强农村继续教育和职业培训，提升农民的综合素质。通过设立职业培训中心、推动在线教育等方式，为农民提供更多的学习机会，使其在不同领域具备更强的专业技能，更好地适应当代社会的发展。

2. 促进文化事业发展

促进文化事业发展是乡村振兴战略的重要组成部分，旨在通过支持文化产业、传统文化保护和传承等措施，实现农村社会文化的全面繁荣，提高农民的文化素养。以下是一些关键举措：

其一，支持文化产业的发展。通过投资和政策扶持，鼓励乡村开发文创产品，推动文化创意产业的兴起。这包括支持乡村文化企业的创业创新，培育有潜力的文化品牌，提升文化产品在市场中的竞争力。同时，加强文化创意人才的培养，为农村文化事业提供更多的专业支持。

其二，注重传统文化的保护和传承。通过设立文化传统保护基金、建立传统文化学校等方式，保护和传承乡村的优秀传统文化。这有助于维护农村文化的独特性和传承性，使农民对自己文化的认同感更加强烈，同时吸引外部人才参与传统文化的传承和创新。

其三，倡导农村文艺活动和社区文化建设。通过组织文艺晚会、书画展览、文化沙龙等形式，激发农民对文化活动的兴趣，培养文艺氛围。加强社区文化建设，建立农村文化活动中心，为农民提供更多参与文化活动的场所，丰富农村居民的文化生活。

推动数字文化的发展，利用现代科技手段传播农村文化。通过建设数字文化平台，开展线上文化活动，乡村文化能够更广泛地传播。这有助于拓展文化传播途径，使农民能够更便捷地获取文化信息，促进文化的互动和交流。

3. 提升卫生事业水平

提升卫生事业水平是乡村振兴战略中的重要内容，旨在改善农村居民的生活质量，通过建设卫生设施、加强卫生宣传等手段提高农村居民的健康水平。

其一，加强卫生设施建设。通过投资和政府支持，改善农村卫生设施，包括卫生院、卫生站、儿童保健站等基础医疗设施的建设。确保农村居民能够方便地获得基本的医疗服务，提高基层卫生服务水平。

其二，加大基层医务人员的培训力度。通过组织培训班、开展培训课程，提高农村基层医生、护士等卫生人员的专业水平。这有助于提高基层卫生服务的质量，更好地满足农村居民的医疗需求。

其三，加强卫生宣传和健康教育。通过开展各类健康知识宣传活动、健康讲座等形式，提高农村居民对健康的认知水平，引导他们养成良好的卫生习惯。这有助于预防一些常见疾病，提升农村居民整体的健康水平。

推进农村环境卫生整治。加大对农村环境卫生的投入，推动农村垃圾处理、污水治理等方面的工作。通过改善村庄环境卫生状况，降低传染病的传播风险，提高农村居民的生活品质。

倡导健康生活方式。通过宣传倡导健康饮食、适度运动等健康生活方式，引导农村居民养成良好的生活习惯。这有助于预防慢性病的发生，提高农村居民的整体健康水平。

（四）生态环境改善

1. 生态保护

生态保护在乡村振兴战略中具有重要地位，其目标是实现农村经济的可持续发展，同时注重生态环境的改善。通过推动生态农业和生态旅游等方式，旨在实现对农村生态环境的全面保护和修复，促使农村在经济发展的同时实现生态平衡。

其一，生态农业的发展是乡村生态保护的关键手段之一。引导农民采用有机农业、绿色农业等生态友好的种植和养殖方式，减少农业生产对生态环境的负面影响。这不仅包括无化肥、无农药的有机农业，还包括水资源的合理利用和土地的可持续利用，从而确保农业经济的可持续发展。

其二，生态旅游的发展也是生态保护的一项重要举措。通过挖掘乡村自然风光、传统文化等资源，发展生态旅游项目，吸引游客前来体验自然之美。这有助于提高农村收入，降低对传统农业的依赖，同时通过科学规划和管理，确保旅游活动对生态环境的最小影响。

其三，加强对农村生态环境的监测和评估，建立健全的生态补偿机制也是推动乡村生态保护的关键步骤。通过对农村生态环境的监测，及时发现并解决生态问题。同时，建立生态补偿机制，通过政府或社会资金对农民进行生态补偿，鼓励农民更积极地参与生态环境的保护。

2. 可持续发展理念

可持续发展理念在乡村振兴战略中具有关键意义，旨在通过资源的合理利用和循环经济的方式，确保农村振兴的过程中不对生态环境造成负面影响。这一理念倡导在满足当前需求的同时，不损害子孙后代的发展权益，实现经济、社会和环境的协调可持续发展。

第一，可持续发展理念注重资源的合理利用。在农村振兴的实践中，需要科学规划和管理农业生产过程，充分考虑土地、水资源等自然资源的承载能力，确保资源的有效利用，避免过度开发和浪费。通过推广先进的农业技术，提高资源利用效率，减少对自然资源的压力，实现农村经济的可持续增长。

第二，循环经济作为可持续发展的核心理念，也在农村振兴中得到应用。通过建立农业生产与生态环境的良性循环，实现农业生产和生态环境的相互促进。例如，通过农业废弃物的合理利用，实现有机肥料的生产，减少化肥的使用，降低对环境的污染。这有助于建立起农业生产与生态环境之间的良性循环，推动农村的可持续发展。

第三，可持续发展理念还强调社会的参与和共享。在农村振兴的过程中，需要农民参与、共享发展成果，建立良好的社会共同体。这不仅包括农民对农业资源的共同管理，也包括对乡村公共服务的共建共享，促进社会的和谐发展。

（五）农村治理现代化

1. 改革农村治理体制

为推动乡村振兴战略的成功实施，必须进行农村治理体制的现代化改革。

这一改革涵盖多个方面，包括乡村自治组织的改革、基层治理水平的提升，旨在确保乡村社会治理更加透明高效，促进农村全面进步。

第一，乡村自治组织的改革是农村治理体制现代化的关键环节。通过强化村委会和村民代表大会的职能，提高决策的科学性和代表性，使村庄自治更加符合实际需要。此外，还需建立健全村务监督机制，加强对村级干部的监督与评价，确保农村自治的公正、透明和规范运作。

第二，基层治理水平的提升是农村治理现代化的关键环节。这包括提升乡村干部的综合素质，推动农村治理从传统的"管理型"向"服务型"转变。通过加强培训，提高基层干部的业务水平和服务意识，使其更好地适应乡村振兴的发展需求。同时，发挥社区组织的作用，通过社区共建、共治、共享，形成基层治理的合力，推动乡村社会治理的现代化。

在农村治理体制现代化的过程中，透明度和高效性是重要目标。通过引入信息技术，建立农村信息化管理系统，实现信息的共享和公开，提高治理的透明度。此外，优化行政管理程序，简化农民办事流程，提高办事效率，确保乡村治理更加高效。

2. 提升农村社会管理水平

为实现乡村振兴战略的成功落地，必须强调农村社会治理的现代化，通过多方面手段提升农村社会管理水平，为乡村振兴提供坚实的治理基础。这一过程需要从多个维度出发，包括引入信息技术、提高基层干部素质等方面。

其一，引入信息技术是提升农村社会管理水平的重要途径。通过建设农村信息化系统，实现对农村社会信息的收集、整合和分析，为决策提供科学依据。这包括构建农村社会管理数据库，记录居民信息、社区状况等数据，实现信息的共享和透明。同时，借助先进的信息技术，建设智慧农村，提高社会治理的智能化水平，更好地满足不同层面的管理需求。

其二，提高基层干部素质是实现农村社会治理现代化的必然要求。通过加强培训，提升基层干部的综合素质，使其具备更好的服务和管理能力。这包括对基层干部进行法治、社会工作等方面的培训，使其更好地适应农村社会治理的需要。此外，建立干部绩效考核机制，激发其服务意识，更好地服务农民群众。

在提升农村社会管理水平的过程中，社区参与和自治是不可或缺的要素。鼓励社区居民积极参与社会事务的决策和管理，通过社区议事会等机制，形成基层治理的合力。同时，建设社区自治组织，通过民主选举产生的方式，增强社区自治的合法性和代表性。

第二节　农村电子商务的概念与内涵

一、电子商务的概念

（一）广义的电子商务概念

电子商务是在信息通信技术的支持下进行的以商品交换为核心的商务活动。这一概念的提出与互联网技术的迅猛发展密切相关，标志着商业模式的转变和全球商贸方式的重大改变。电子商务的基本构成要素主要包括电子交易方式和商贸交易活动。

1. 电子交易方式

电子交易方式是电子商务领域的核心组成部分，代表着通过电子手段进行商业交易的方式。其中，最为常见和具有重要影响的电子交易方式包括在线购物、电子支付和电子合同等。在这些交易方式中，互联网和其他信息通信技术的应用发挥了至关重要的作用，为商品和服务的交换提供了高效和便捷的平台。

其一，在线购物是一种主要的电子交易方式，通过互联网平台，消费者可以方便地浏览各类商品信息、比较价格、阅读商品评价，并最终通过在线下单完成购物。这一方式打破了传统零售模式的地理限制，消费者可以在任何时间、任何地点进行购物，极大地提高了购物的灵活性和便利性。

其二，电子支付作为电子商务的关键环节，为在线交易提供了安全、高效的支付手段。通过信用卡支付、第三方支付平台等工具，消费者可以在网上完成支付流程，避免了传统现金支付的不便和风险。电子支付的普及推动了电子商务的发展，为商家和消费者提供了更多支付选择，并在一定程度上降低了交易的流程成本。

其三，电子合同也是电子交易方式的重要形式。电子合同通过电子手段记录和确认合同的缔约过程，消除了传统纸质合同烦琐、时间成本高的特点。通过电子合同，商业主体可以更加迅速、便捷地达成协议，推动交易的迅速实现。

2. 商贸交易活动

商贸交易活动是电子商务的重要组成部分，它涵盖了商品生产、销售、物流、供应链管理等多个方面。随着互联网的广泛应用，商贸交易活动得以更加灵活和高效地进行，为商业模式的拓展和全球范围内商品流通的促进提供了有力支持。

在商贸交易活动中，商品的生产是一个关键环节。电子商务通过互联网技术，使得生产者能够更加准确地把握市场需求，通过数据分析和市场调研更加精准地制订生产计划，从而实现生产资源的合理配置。这有助于减少库存压力，提高生产效益。

销售是商贸交易活动的核心，而电子商务通过在线销售渠道，如电商平台、社交媒体等，为商品提供了更广泛的销售渠道。消费者可以通过互联网随时随地浏览和购买商品，这不仅拓展了销售范围，也提高了商品的曝光度，促进了销售额的增长。

物流是商贸交易活动中不可或缺的一环。互联网的应用使得物流管理更加高效，通过物流信息系统的建设，可以实时追踪商品的运输状态，提高了物流的可视性和可控性。这有助于降低物流成本，加速商品的交付速度，提升客户体验。

供应链管理作为商贸交易活动的重要组成部分，通过互联网技术的应用，实现了各个环节的协同。供应链管理能够帮助企业更好地应对市场波动，降低库存和生产成本，提高了整体供应链的效率和竞争力。

（二）电子商务的具体内涵

1. 在线购物

在线购物作为电子商务中最为普遍和重要的形式之一，为消费者提供了便捷、灵活的购物方式。在这一过程中，消费者通过互联网平台，如电商网站或移动应用，进行商品浏览、订单生成、在线支付等环节，实现了全程线上购物体验。这种购物方式不仅扩大了消费者的选择范围，还深刻地改变了传统零售模式的运作机制。

其一，在线购物为消费者提供了更加广泛和多样的商品选择。通过电子商务平台，消费者可以轻松访问来自世界各地的商品，包括各类品牌、型号和价格区间的产品。这使得消费者在购物时拥有更多的选择权，能够更好地满足个性化和多样化的消费需求。

其二，在线购物的便捷性为消费者提供了更为高效的购物体验。消费者可以在任何时间、任何地点进行在线购物，避免了传统零售模式中需要到实体店面的时间和空间限制。这种购物便利性使得消费者更容易融入购物流程，提高了购物频次。

其三，在线购物通过引入智能推荐算法和个性化服务，为消费者提供了更加个性化的购物体验。基于消费者的历史购物记录和兴趣偏好，电商平台能够精准地推荐符合消费者需求的商品，提高了购物的满意度和精准性。

其四，在线购物也推动了数字支付工具的普及和发展。通过电子支付方式，如信用卡、第三方支付平台等，在线购物实现了快捷、安全的支付过程，为交易提供了更为便利的金融手段。

2. 电子支付

电子支付作为电子商务的关键环节，在不断演化的数字化时代中发挥着至关重要的作用。这一支付方式包括了多种形式，其中信用卡支付和第三方支付平台是两个主要方面。电子支付的崛起为商业交易提供了更为便捷、高效和安全的支付手段，同时也成为推动电子商务快速发展的动力之一。

第一，信用卡支付是电子支付的重要组成部分之一。通过信用卡支付，消费者可以在电子商务平台上完成购物，并在事后按月还款。这种支付方式不仅提供了方便的在线支付体验，还通过信用卡公司的风险管理系统确保了支付的安全性。信用卡支付的全球化特性使得跨境交易更为便捷，为国际电子商务提供了有力支持。

第二，第三方支付平台的兴起进一步丰富了电子支付的形式。诸如支付宝、微信支付等第三方支付工具，通过绑定用户银行卡或账户，实现了无缝的在线支付体验。这些支付平台提供了快速、便捷的支付通道，支持小额支付和移动支付，满足了消费者多样化的支付需求。

电子支付的快捷性为商业交易提供了更为高效的支付体验。相较于传统的现金支付和支票支付，电子支付减少了支付过程中的物理接触，提高了支付的速度和便利性。特别是在电子商务环境下，电子支付为在线购物提供了即时的支付解决方案，促进了购物流程的迅速完成。

第三，电子支付的安全性是其受欢迎的重要原因之一。通过采用加密技术、身份验证措施等手段，电子支付保障了用户的账户和交易信息的安全。这为消费者和商家建立了信任关系，增强了在线交易的安全性和可信度。

3. 数字化广告

数字化广告是随着互联网的发展而兴起的一种广告形式，通过在线平台展示，包括搜索引擎广告、社交媒体广告等多种形式。相较于传统广告媒体，数字化广告具有更大的灵活性和针对性，极大地改变了广告行业的格局。这一广告形式的特点在于其能够更加精准地定位目标受众，提高广告投放的效果。

其一，搜索引擎广告是数字化广告中的一个重要形式。通过在搜索引擎结果页面上显示广告，广告主能够将其产品或服务直接呈现给正在搜索相关关键词的用户。这种广告形式具有高度的相关性，能够在用户需求最为迫切的时候进行推广，提高广告触达目标受众的概率。

其二，社交媒体广告是数字化广告中备受关注的一类。在社交媒体平台上，广告商可以根据用户的兴趣、行为、社交关系等信息进行精准的广告定向。通过在用户个性化的社交流中插入广告，广告商能够更好地吸引目标受众的关注，提高广告的曝光度和点击率。

数字化广告还常常采用计算机算法和人工智能技术，对用户的行为和偏好进行分析，从而实现更精准的广告投放。这种数据驱动的广告投放模式使得广告主能够更好地了解受众，根据用户的实际需求进行个性化推广，提高广告的效果和转化率。

其三，数字化广告还具有实时性和互动性的特点。广告主可以随时调整广告内容和投放策略，根据实时反馈作出调整，以保持广告的时效性。同时，用户可以通过数字化广告与广告内容进行互动，例如点击广告、评论、分享等，增强了用户参与度，促使广告传播更为迅速和广泛。

4. 在线拍卖

在线拍卖作为一种创新性的电子商务模式，通过电子平台为消费者提供了通过竞拍方式获取商品或服务的机会。这一模式的兴起既丰富了商品销售的途径，又推动了二手商品市场的蓬勃发展。

其一，在线拍卖通过电子平台的形式为买卖双方提供了更为便捷的交易环境。在传统拍卖中，买家需要亲临现场参与竞拍，而在线拍卖依靠互联网技术的支持，消费者可以随时随地通过电脑或移动设备参与竞拍，大大提高了交易的便利性。

其二，在线拍卖拓展了商品销售的途径。通过在线拍卖平台，卖家能够直接面向全球范围的潜在买家，扩大了商品的市场覆盖面。这使得特定商品或特殊服务能够找到更为广泛的需求，推动了商品交易的全球化。

其三，在线拍卖为二手商品市场注入了新的活力。消费者可以通过竞拍获得价格更为合理的二手商品，从而降低了购物成本。这种模式推动了二手商品的再利用和再流通，减少了资源浪费，符合可持续发展的理念。

在线拍卖的成功也得益于其提供的透明、公平的交易机制。平台通常提供详细的商品信息、竞拍历史记录等，使得买家能够充分了解商品的情况，提高了交易的透明度。此外，拍卖机制的公平性保障了每个参与者在一定程度上有机会获得心仪的商品，促进了交易的公正性。

5. 供应链管理

供应链管理在电子商务中扮演着关键的角色，涵盖了商贸交易活动中的多个环节，包括生产、仓储、物流等，旨在实现这些环节的协同管理，以提高整体效率和降低生产成本。互联网技术的广泛应用使得供应链管理变得更加高效和智能。

首先，供应链管理的核心在于整合与协调各个环节。通过互联网技术，企业可以实现实时信息共享，从而更加精准地了解市场需求、生产进度、库存水平等关键信息。这种信息的高度透明性有助于优化整个供应链，降低了信息不对称带来的风险，提高了协同管理的效果。

其次，互联网技术为供应链管理提供了大数据分析和人工智能等先进工具。通过对大量数据的分析，企业可以更好地预测市场趋势、优化库存管理、提高生产计划的准确性。人工智能技术的应用还可以在实时环境中进行决策支持，使得供应链管理更具智能化和灵活性。

再次，电子商务平台为供应链管理提供了全新的交易模式。通过电子商务平台，企业可以直接面向消费者进行销售，同时也能够在平台上与供应商、合作伙伴更加紧密地合作。这种直接的、数字化的交易模式大大提高了供应链的敏捷性，使得企业能够更快速地响应市场需求。

物流是供应链管理中一个至关重要的环节，而互联网技术的应用使得物流变得更加高效。实时的物流信息追踪、路线优化、智能调度等技术手段，使得物流过程更为可控和透明。这不仅降低了物流成本，也提高了交货的及时性和准确性。

二、农村电子商务的概念

（一）农村电子商务与电子商务的关系

1. 共性

农村电子商务与电子商务之间存在着显著的共性，这体现在它们共同利用互联网电子商务平台进行产品销售，以实现便捷的线上下单和发货的交易方式。这一共性源于两者都依赖于数字化技术和网络平台，为商业交易提供了创新和高效的在线解决方案。

其一，农村电子商务与电子商务的共性在于它们都以互联网电子商务平台为基础。这意味着农村电子商务和电子商务均依赖先进的互联网技术，通过建立在线平台，为卖家和买家提供交易的数字环境。这种平台的建设使得商业活动能够在虚拟空间中快速、便捷地进行。

其二，两者共同实现了线上下单和发货的交易方式。通过电子商务平台，消费者可以通过在线浏览商品信息，选择并下单购买，最后完成快速的发货流程。这种线上交易模式的实现，不仅大大提高了购物的便捷性，也为商家提供了更为高效的订单处理方式。

共性的关键点还在于数字化技术的广泛应用。无论是农村电子商务还是传统电子商务，都依赖数字化技术，包括但不限于电子支付、在线广告、数据分析等。这些技术的应用为商业活动注入了高度的智能化和效率化，使得交易更加迅捷、灵活。

最重要的是，共性体现在它们为商业交易提供了在线化的解决方案。通过电子商务平台，商品的信息、交易记录、支付方式等都可以在数字环境中进行，大幅提升了商业活动的可追溯性和可管理性。这种在线化的解决方案为传统商业模式注入了全新的元素，推动了商业模式的创新和升级。

2. 地域特征

农村电子商务与传统电子商务在地域特征方面存在显著的不同。农村电子商务更专注于服务农村地区，通过网络平台嫁接各种服务于农村的资源，着重强调对农村信息服务的拓展，体现了其在地域特性上的差异，更加注重满足农村地区的独特需求。

农村电子商务的地域特征体现在它的服务对象和定位上。相对于传统电子商务，农村电子商务更加关注农村地区的居民和农业生产经营主体。通过在网络平台上建立农产品交易市场和服务平台，农村电子商务致力于为农村居民提供更便捷的购物渠道，并为农业生产者提供更广阔的市场。

农村电子商务的独特服务模式进一步凸显了地域特性。通过网络平台，农村电子商务不仅提供商品交易，还整合了丰富的农村信息服务，包括农业技术咨询、天气信息、市场行情等。这种服务模式不仅使农民能够更好地了解市场动态，还促进了农村地区的信息化发展，有助于提高农业生产的效益和质量。

另一方面，农村电子商务通过网络平台为农村资源嫁接各种服务。这包括农产品的线上销售、农村旅游的推广、农村手工艺品的展示等。通过数字化手段，农村电子商务架起了城乡之间的桥梁，使得农村地区的特色资源能够更好地与外部市场对接，推动了农村产业结构的优化和升级。

3. 服务对象

农村电子商务的服务对象相对较为单一，主要是农村居民和农业生产经营主体，其目标在于解决农村地区面临的实际问题。相较之下，传统电子商务则更广泛地服务于城乡居民，覆盖了各个行业，展现了明显的差异。

对于农村居民，农村电子商务提供了更加便捷、多元的购物渠道，使其能够通过网络平台直接购买生活所需的商品，避免了因交通不便或市场信息不畅而造成的购物难题。对于农业生产经营主体，农村电子商务通过数字化手段提供农产品的线上销售渠道，帮助他们更好地推广农产品、提高销售效益，并通过农村信息服务平台为其提供相关的技术支持和市场信息。

相对而言，传统电子商务服务对象的范围更为广泛，包括城市居民、企业、生产制造商等多个群体。电子商务平台为城市居民提供了丰富的购物选择，涵盖了从日常生活用品到高端电子产品等各个方面。同时，电子商务也为各类企业提供了线上销售的机会，推动了全球范围内的商品流通，成为一个跨行业、多领域的商业平台。

（二）农村电子商务的发展方向

1. 数字化和信息化工具的应用

农村电子商务在其发展过程中，积极探索并充分应用数字化和信息化工具，旨在推动农村生产经营主体更广泛地接入互联网，实现农业生产与交易的在线化。这一发展方向为农村地区注入了新的动力，通过推广计算机、移动终端以及其他电子设备的使用，力求构建一个数字化、信息化的农业生产与交易体系。

其一，农村电子商务通过推广计算机的使用，使得农村生产经营主体能够更便捷地获取和处理信息。农业生产涉及大量的信息，包括天气状况、土壤质量、农产品市场行情等。因为计算机的普及，农民可以轻松地获取这些信息，科学决策，提高农业生产的效益和质量。同时，计算机的使用也为农民提供了学习和培训的平台，使他们更好地掌握现代农业技术。

其二，移动终端的推广使得农村生产经营主体能够随时随地接入互联网。农民通过手机或平板等移动设备，可以进行农产品的线上销售，实现更加便捷的交易方式。这种灵活性不仅增加了农产品的销售渠道，也使农民更便捷地参与市场竞争，促进了农业产业的现代化发展。

其三，其他电子设备的应用也在推动农村电子商务的发展。例如，使用传感器和物联网技术，可以实现对农田的智能化监测，帮助农民更好地管理农田和作物。这些数字化的农业生产工具为提高农产品质量、降低生产成本提供了技术支持。

2. 集约化管理和市场化运作

农村电子商务在其发展过程中积极追求集约化管理和市场化运作的方式，以构建紧凑有序的产业联合体为目标。这一发展方向旨在通过整合农村资源，实现规模效应，提高农村生产的效益，同时降低生产成本，从而增强农产品的市场竞争力。

其一，农村电子商务通过集约化管理实现了资源的高效整合。通过建立产业联合体，整合了农业生产、加工、流通等环节，形成了一个高度协同的产业体系。这种集约化管理方式使得农产品的生产、加工和销售等环节能够更加紧密地联系，减少了信息不对称和资源浪费，提高了整个农业产业链的运作效率。

其二，市场化运作成为农村电子商务的另一大特点。通过数字化平台，农产品可以更直接、高效地与市场对接，实现农村产品的线上销售。这种市场化运作方式不仅扩大了农产品的销售范围，还为农民提供了更多的销售渠道，降低了传统农业中因为信息不畅通而导致的销售困难。同时，市场化运作也为农产品的定价提供了更为灵活的机制，使得市场供需关系更为敏感，有利于提高农产品的市场竞争力。

集约化管理和市场化运作的结合，使得农村电子商务在整体上实现了规模效应。通过数字化手段，农产品的生产、加工和销售能够更为高效地进行，农民和生产者在规模经济的效益下受益。此外，市场化运作的灵活性也为农产品的品牌推广、市场开拓提供了更多的机会，从而更好地满足了农村地区的多元化需求。

3. 跨区域跨行业的联合合作

农村电子商务的发展追求通过跨区域跨行业的联合合作，实现更广泛的资源整合和服务拓展。这一战略意味着农村电子商务不仅要在农村地区建立起紧密的合作网络，还要与城市地区、不同行业形成紧密的联动，以推动产业升级和全面发展。

其一，跨区域的联合合作体现在农村电子商务的区域扩展上。通过与城市地区的电商平台合作，农村电子商务可以更便捷地连接城乡，实现农产品的线上销售。这种合作模式不仅为农产品提供了更广阔的市场，还为城市居民提供了更为便捷的农产品购买途径，实现了城乡资源的互补与共享。

其二，跨行业的合作涉及农村电子商务与不同行业的深度融合。例如，与物流行业的合作可以提升农产品的配送效率，保证农产品的新鲜度和品质。与金融机构的合作则为农村电子商务提供了更灵活的支付和融资方式，增强了农产品的交易便捷性。这种跨行业的合作不仅丰富了农产品的销售渠道，还提高了农产品的附加值，促进了农村经济的多元化发展。

其三，跨区域跨行业的联合合作也体现在数字化技术和信息服务的共享上。农村电子商务可以借助互联网技术与城市电商平台进行数据交流，获取市场信息、用户需求等，从而更好地指导农产品的生产和推广。同时，与科研机构、农业专业服务机构的合作也为农民提供了更全面的农业技术支持和培训，提升了农业生产的水平和质量。

4.构建紧凑有序的产业联合体

为了实现农村电子商务的可持续发展，构建紧凑有序的产业联合体成为一项关键举措。这个战略的核心理念在于推动各个生产经营主体间建立更为紧密的合作关系，形成协同发展的产业链，以共同推动整个农村经济的发展。

其一，构建产业联合体要求建立起紧密的合作网络。各类农村生产主体，包括农民、农业企业、合作社等，需要通过数字化平台建立起紧密的合作网络。这样的网络结构有助于实现信息的高效流通，扩大农产品的市场覆盖面，同时也能够促进农业生产者之间的经验共享和技术交流，推动整个农业产业链的协同发展。

其二，产业联合体的构建需要形成协同发展的产业链。不同的生产经营主体通过产业链的有机衔接，形成一个有序的生产、加工、销售体系。例如，农村电子商务平台与农业生产者合作，可以通过线上销售渠道助力农产品的推广，而与物流企业的合作则能够保障产品的及时配送。这种产业链的协同发展有助于提高整个农业产业的效益和竞争力。

在产业联合体中，紧密的合作关系不仅是一种交易关系，更意味着对资源、信息和技术的共享。例如，通过农业生产者与科研机构的合作，可以引入先进的农业技术，提高农产品的品质和产量。同时，金融机构的参与也为农业生产提供了更灵活的融资手段，促进了农业经济的稳健发展。

其三，构建产业联合体还需要注重政府的引导和支持。政府可以通过政策支持、金融扶持、技术培训等手段，为产业联合体的形成提供有力保障。政府的引导作用在于促使各类主体更好地参与到联合体中，共同推动农村电子商务的可持续发展。

5. 拓展农村商贸领域

农村电子商务的发展旨在拓展农村商贸领域，通过引入更多的电子商务元素，促进农产品的流通与销售。这一战略的核心目标在于通过电商平台为农产品打造更广阔的市场，提升产品的知名度和销售渠道，从而实现农村商贸领域的全面拓展。

在农村电子商务中，设立专区是一种重要的手段，在电商平台上设立专门的农产品销售区域，将农产品与其他商品有机结合，使其更容易被消费者找到。这样的专区设置不仅有助于提高农产品的曝光度，也为消费者提供了更为方便的购物体验。通过电商平台的专区设置，农产品可以在更广泛的市场中展示，满足多元化的消费需求，为农村商贸领域的拓展提供有力的支持。

与此同时，农村电子商务还注重推广农产品品牌，提升产品的知名度。通过电子商务平台上的品牌宣传、推广活动，农产品可以更有针对性地传达自身的特色和优势，建立良好的品牌形象。这种品牌推广不仅有助于提高农产品的市场竞争力，也为农民创造了更多的附加值，进一步推动了农村商贸领域的发展。

其三，电子商务平台的推广还能够通过线上推介、农产品故事讲解等方式，向消费者传递农产品的生产背景、生态优势等信息，突出产品的卖点。这种信息传递有助于消费者更深入地了解农产品，提高对农产品的认可度和信任度，从而促进销售。这种信息传递方式不仅为农产品提供了更多的销售亮点，也使农村商贸领域更好地与消费者进行沟通和互动。

其四，通过上述手段，农村电子商务旨在实现商家新的利润增长。电子商务平台的推广与农产品的品牌推广相结合，为农产品创造了更好的销售环境，提高了产品的市场份额。这样的商业模式不仅使农产品在市场中更具竞争力，也为农民提供了更多的收入来源，进一步推动了农村商贸领域的全面拓展。

三、农村电子商务的基本构成要素

（一）数字化工具

1. 计算机

计算机在农村电子商务中扮演着不可或缺的重要角色。农民通过计算机在电子商务平台上进行各种操作，其中包括商品发布、交易记录管理等。这为农村的生产经营主体提供了便捷的方式，使其能够在线完成商品或劳务的买卖。计算机的广泛应用不仅带动了农业生产和销售的现代化，也提高了整个农村地区的经济效益。

随着计算机技术的不断进步，农民可以通过电子商务平台更加高效地管理和监控其生产经营活动。通过计算机系统，农民能够实时更新农产品的信息，包括品种、产量、价格等，从而更好地满足市场需求。此外，计算机技术还为农民提供了市场趋势分析、销售预测等决策支持工具，使其能够更加科学地制订生产计划和销售策略。

计算机的普及也在一定程度上推动了农村地区的数字化转型。通过学习和应用计算机技术，农民不仅提高了信息获取的能力，还培养了数字化思维和创新能力。这为农村地区的人才培养和社会发展提供了新的动力。

2. 移动终端

移动终端的广泛普及在农村电子商务中发挥了关键作用，为农村居民提供了更加便捷的参与方式，打破了时间和空间的限制，极大地促进了农产品的推广和销售。

随着移动终端，尤其是手机的普及，农民在电子商务活动中的参与变得更加轻松和灵活。移动设备的便携性使农民可以在任何时间、任何地点进行商品浏览、下单等操作，无需受制于传统的线下购物方式。这种便捷性为农村电子商务提供了更广泛的参与基础，大大降低了农产品进入市场的门槛。

通过手机等移动终端，农民可以更直接地了解市场需求和消费者反馈。他们可以通过在线平台观察商品的热度和用户评价，从而更准确地调整生产和销售策略。这种及时的市场反馈有助于农产品更好地适应市场需求，提高销售的精准度和效果。

移动终端的使用也为农村居民提供了更多元的购物体验。通过手机应用，农民可以参与促销活动、享受个性化的服务，从而提升他们的购物体验。这种个性化的服务定制有助于建立生产者与消费者之间更紧密的联系，增强用户的忠诚度。

（二）信息化工具

1. 多媒体技术

多媒体技术在农村电子商务中的广泛应用为信息传播提供了全新的方式，

从而丰富了农产品的展示形式。通过图像、视频等形式，农产品的特色得以更加生动地呈现给消费者，有效地增强了商品的吸引力。这一应用不仅使农产品在电子商务平台上脱颖而出，也为其在市场中树立了更为独特和引人注目的形象。

多媒体技术的运用让农产品的市场竞争力得到了明显的提升。通过精美的图像和吸引人的视频，农产品能够更全面地展示其外观、品质以及生产过程。这种全方位的呈现有助于建立消费者对农产品的信任感和提升好感度，从而增加了产品在市场上的竞争优势。通过多媒体技术的运用，农产品的品牌形象也得以深刻地传达，为品牌建设和市场营销提供了有力的支持。

多媒体技术的强大支持作用不仅体现在产品展示方面，还延伸到了消费者教育和市场信息传递方面。通过制作生产过程的视频、品种特点的图文介绍等素材，农产品生产背后的故事得以更加生动地呈现给消费者。这种信息传播不仅提高了消费者对农产品的了解程度，也为他们作出购买决定提供了更充分的信息支持。多媒体技术的应用，使农产品的市场定位更加明确，有助于形成差异化的竞争优势。

2. 自媒体平台

自媒体平台在农村电子商务中扮演着至关重要的角色，为农民提供了一个自主宣传的空间，能够通过社交媒体等渠道直接与消费者互动。这一直接的互动模式在农产品与消费者之间建立了更加紧密的联系，为农产品的宣传和销售创造了有力的支持。

通过自媒体平台，农民得以更加主动地参与市场营销，成为农产品的代言人。他们可以通过发布文字、图片、视频等多种形式的内容，全面展示农产品的品质、生产过程和特色。这种自主宣传使农产品的信息更加直观而生动地传达给消费者，增强了产品的知名度。农民通过自媒体的使用，实现了对自身品牌的深度定制和建设。

自媒体平台为农民提供了直接与消费者互动的机会，建立了一种开放、透明的沟通模式。农民可以通过社交媒体与消费者分享农产品的种植养殖经验、生产故事等内容，与消费者建立更加亲密的关系。这种直接的互动模式不仅增强了消费者对农产品的信任感，还使消费者更加愿意了解和支持农产品。

自媒体不仅是宣传手段，更是建立稳固客户基础的关键途径。通过自媒体平台，农民能够积极回应消费者的反馈，解答疑问，提供售后服务等，建立了更为稳固和可信赖的交易基础。这种交易基础不仅有助于提高消费者的忠实度，还为农民未来的农产品销售和推广提供了可持续的支持。

（三）电子支付系统

1. 信用卡支付

电子支付系统作为农村电子商务中不可或缺的要素之一，为在线交易提供了便捷、高效的支付手段，而信用卡支付则是其中一种重要的支付方式。信用卡支付在农村地区的商家和消费者之间发挥着关键作用，为其提供了安全、迅速的在线交易体验，同时解决了传统现金交易带来的不便和安全隐患。

在农村电子商务中，信用卡支付为农民和商家提供了一种无需使用实物货币的便捷支付方式。有了信用卡，农产品的交易变得更为高效，不再受制于实体货币的流通和携带。这为消费者提供了更灵活的支付选择，同时也提高了交易的便利性，有助于促进农产品的推广和销售。

信用卡支付的安全性是其受欢迎的重要原因之一。相较于现金交易，信用卡支付可以有效降低交易的现金风险，减少了携带大额现金所带来的安全隐患。同时，信用卡支付系统采用了多层次的安全措施，包括加密技术和实时监控，有效防范了支付过程中的潜在风险，为农民和商家提供了更加安全的电子交易环境。

信用卡支付可以迅速完成交易过程也是其在农村电子商务中备受青睐的原因。通过信用卡支付，农产品的交易可以在短时间内完成，避免了传统交易方式中可能存在的耗时和烦琐的问题。这种高效的支付方式有助于提升农产品交易的效率，为农村地区的商家和消费者带来更快捷、便利的购物体验。

2. 第三方支付平台

第三方支付平台的迅猛发展为农村电子商务支付领域注入了新的活力，为电子商务的便捷支付提供了重要支持。支付宝、微信支付等第三方支付平台的广泛应用，不仅提升了交易效率，也为农村地区的交易带来了更灵活的支付方式，有效促进了农产品的销售，推动了农村电子商务的蓬勃发展。

第一，第三方支付平台的普及使得电子商务支付更加便捷高效。通过支付宝、微信支付等平台，农民和消费者可以轻松实现在线支付，无需依赖传统的支付工具。这不仅缩短了交易时间，也提高了支付的安全性，降低了支付过程中的风险。第三方支付平台技术的先进性和便捷性，有效推动了电子商务支付的普及，为农产品的在线销售提供了坚实基础。

第二，第三方支付平台的广泛应用打破了地理位置和时间的限制，为农村地区的交易提供了更高的灵活性。农民和消费者可以随时随地通过手机或其他终端进行支付，不再受制于传统交易方式中的地域因素。这为农产品的销售提供了更加便捷的支付方式，促进了农村电子商务的发展，同时也拓展了农产品的市场范围。

第三方支付平台还通过其便捷的支付方式提高了电子商务平台的活跃度，吸引了更多的农民和消费者参与其中。依托支付宝、微信支付等平台，电子商务平台可以提供更多的促销活动、优惠政策，激发用户的购物热情，提高用户黏性。这种促销和优惠手段进一步加速了农产品的流通，使农产品更容易融入市场，实现销售增长。

（四）产业联合体

1. 跨区域联合

产业联合体作为农村电子商务的战略性构成要素，在促进农业现代化和电子商务的可持续发展方面发挥着关键作用。通过跨区域跨行业的合作，产业联合体不仅实现了生产成本的降低，而且为整个农村电子商务系统创造了更为有力和健全的发展基础。

首先，跨区域跨行业的联合合作为农村电子商务创造了更加有利的经济环境。通过联合，不同地区和行业的农业生产主体能够共同利用资源，降低生产成本，提高生产效益。这种合作模式为农产品的生产和销售提供了更为稳定和经济的支持，推动了农村地区农业产业的发展。

其次，联合合作使得农村电子商务能够更好地整合资源，形成更紧密有序的产业链。不同环节的农产品生产者、经销商、电商平台等通过合作形成互补关系，形成了一个相互依存、相互支持的生态系统。这种整合资源的模式使农产品的生产和销售更为有序，提高了整个产业链的协同效率。

通过联合合作，农村地区的生产经营主体能够共享信息、技术和市场资源，进一步提高了整体竞争力。信息共享使得生产者更及时地了解市场需求和趋势，有针对性地调整生产计划；技术共享带动了农业生产的现代化和智能化，提高了生产效率；市场资源共享则为农产品的推广和销售提供更广阔的平台。这种共享机制加强了农村电子商务系统的整体实力，促进了产业升级和可持续发展。

2. 资源整合

产业联合体的成功建立标志着在农村电子商务中资源的整合取得显著成果。

通过跨行业的合作，不同环节如农产品的生产、加工和销售形成了紧密的联系，从而提高了整个产业链的效益。这种资源整合不仅使得农产品的供应链更为协同，也为农村地区提供了更为稳定的产业基础，为其应对市场波动和竞争压力提供了强大的支持。

首先，资源整合通过促进农产品生产与加工的协同作业，提高了整个产业链的效益。生产、加工和销售等环节的合作使得农产品能够更加顺畅地从农田走向市场。通过资源整合，产业链上的各个环节能够更好地协同工作，避免了信息断层和资源浪费，提高了农产品的整体生产效率和质量。

其次，跨行业的合作使得农产品的销售和推广更加具有市场竞争力。联合体中的不同环节通过合作形成了品牌化和标准化的产品，为农产品树立了更为统一和有力的形象。这有助于提高农产品的市场竞争力，使其更容易在电子商务平台上吸引消费者，实现销售量的稳定增长。

资源整合还为农村地区提供了更为稳定的产业基础。由于农产品生产环节的协同作业，农民能够更加有效地利用资源，降低生产成本。同时，联合体中的各个环节能够共享市场信息、技术和销售网络，提高了整个农村电子商务体系的抗风险能力。这为农产品的生产者提供了更为可靠的支持，有助于降低经济风险，提高产业的可持续性。

（五）服务网络

1. 农产品销售服务

服务网络作为农村电子商务实体终端的关键组成部分，在推动农产品的销售和市场拓展方面发挥着重要的作用。通过电商平台，农产品销售服务成功将农产品推向更广阔的市场，为农民提供了更多的销售渠道，增加了产品的曝光度，有力地助推了农产品更好地适应市场需求。

农产品销售服务的核心在于通过电商平台将农产品引入更广泛的市场。通过在线平台，农民得以突破地域限制，将他们的农产品推向全国甚至全球市场。这为农产品提供了更为宽广的销售渠道，拓展了产品的市场范围，同时也让农民在全球范围内找到更多的潜在消费者。

农产品销售服务的另一个重要作用在于提高产品的曝光度。通过电商平台，农产品能够通过图文、视频等形式全面展示其品质、特色和生产过程，引起消费者的关注。这种全方位的信息传递使得消费者更加了解产品，提高了产品的知名度和美誉度。产品的曝光度提升不仅有助于产品的推广，也为树立产品品牌打下了坚实的基础。

农产品销售服务的成功开展有助于农产品更好地适应市场需求。通过电商平台，农民能够实时获取市场反馈和需求信息。这使得他们能够灵活调整生产计划，适应市场的动态变化。同时，电商平台为农产品提供了更多的销售数据和市场趋势分析，使农民更具预测性地决策和经营，提高了农产品的市场敏感度和竞争力。

2. 信息服务

信息服务在农村电子商务中扮演着至关重要的角色，通过提供农业知识、市场信息等多方面的支持，农民获得了全面的决策支持。这种服务使农民能够通过电子渠道获取最新的农业科技信息、市场行情等，帮助他们更加精准地进行生产和销售决策，从而促进了农村电子商务的可持续发展。

其一，信息服务通过提供农业知识对农民进行重要的生产指导。有了电子渠道，农民可以轻松获取到最新的农业科技信息、种植技术和农业管理方法。这使得他们能够了解最佳的农业实践，提高生产效率，降低生产成本。信息服务的提供使得农民能够更加科学地决策，采取更加适应环境和市场需求的农业生产方式。

其二，信息服务通过提供市场信息，帮助农民更好地进行销售决策。电子商务平台为农民提供了即时的市场行情、需求预测和消费者偏好等信息。农民可以根据这些信息调整产品结构、定价策略等，更加灵活地适应市场的变化，提高销售的精准性和效益。这种市场信息的提供有助于农产品更好地融入市场，增加销售机会，促进了农产品的市场化。

信息服务的发展还提高了农民的专业素养。通过接触各类农业科技和市场信息，农民不仅能够提升自身的专业知识水平，还能够适应电子商务的发展趋势，掌握相关的数字化技能。这不仅提高了农民在农业生产和销售过程中的竞争力，也促进了农村地区的数字化转型。

3. 物流配送服务

物流配送服务在农村电子商务中扮演着至关重要的角色，通过建立高效的物流网络，保障了农产品的及时交付。这为农产品的销售提供了可靠的后勤支持，不仅提高了产品的流通效率，也使得农产品能够更快速地到达消费者手中，从而提升了消费者的购物体验。

首要的是，物流配送服务通过建立高效的物流网络，为农产品的销售提供了稳定而迅速的后勤保障。农产品从生产地到消费者手中的过程中，需要经历复杂的运输和仓储环节。物流配送服务通过整合各个环节，建立起高效、可追溯的物流网络，从而提高了产品的流通效率。这使得农产品能够更及时、安全地运达目的地，有力地支持了农产品的销售和市场供应。

其二，物流配送服务的发展对提升消费者购物体验起到了积极的作用。在电子商务平台上，消费者对商品的及时交付有着极高的期望。物流配送服务的高效运作不仅使得农产品能够迅速送达，也提高了配送的准确性和可靠性。这使得消费者能够更加放心地在电商平台上购物，提升了他们的购物体验，同时也增强了对电商平台的信任度。

物流配送服务的进步还推动了农产品的市场推广。通过快速、可靠的物流服务，农产品能够更加广泛地覆盖不同地区的市场。这使得农产品在市场上的可及性增强，提高了产品的市场占有率。同时，物流服务的高效性也为农产品的品牌建设提供了有力支持，使得消费者更愿意选择农产品，并形成忠实的客户群体。

第三节 农村电子商务与乡村振兴的逻辑关联

一、农村电子商务在乡村振兴中的作用机制

（一）信息传递与资源整合

1. 信息传递的深层次机制

农村电子商务的兴起为农产品信息传递提供了深层次的机制，通过建立电子平台，实现了农产品信息的及时传递，这一机制不仅包括农产品的品种、质量等基本信息，更涵盖了市场需求、价格波动等市场信息。这种深层次的信息传递机制通过多方面的信息共享，为农村生产者提供了更为准确和全面的市场信息，使其能够更有针对性地调整生产计划，实现农产品生产与市场需求的精准对接。

第一，电子平台提供了农产品基本信息的传递渠道。通过电商平台，农产品的品种、质量等基本信息能够迅速而全面地传递给消费者。这为消费者提供了更多元化的购买选择，同时也为生产者提供了更广阔的市场机会。这一基本信息的传递使得消费者对农产品有了更全面的了解，促使其作出更符合个性化需求的购买决策。

第二，电子平台通过实时更新市场信息，为农产品生产者提供了更为全面和及时的市场动态。包括市场需求、价格波动等信息的共享使得农民能够更准确地了解市场状况。通过电商平台上的数据分析和市场趋势预测，农民可以更灵活地调整生产计划，迎合市场需求的变化。这种深层次的信息传递机制有助于提高农产品的市场敏感性，使得农产品更具竞争力。

第三，电子平台还通过消费者的反馈和评价，为农产品生产者提供了即时的市场反馈。消费者在电商平台上的评论和评价成为一种重要的信息来源，反映了产品的口碑和市场接受度。农产品生产者通过分析这些反馈，能够及时了解消费者对产品的需求和期望，从而调整产品质量、包装等，提高产品的市场竞争力。

2. 资源整合的协同机制

农村电子商务的崛起为农业生产者、加工企业、经销商等多方形成协同网络提供了有效的平台。通过建立信息平台，各参与方得以实时分享生产、加工、销售等环节的关键信息，从而实现产业链的协同发展。这种资源整合的协同机制为乡村产业提供了更为高效和有力的发展动力。

其一，农产品生产者能够通过电子商务平台获取市场需求的即时信息。通过信息平台，生产者可以了解到不同地区和时段的市场需求情况，根据消费者的反馈调整生产计划。这有助于减少生产过剩和滞销问题，提高农产品的市场适应性，实现了生产者与市场的深度对接。

其二，加工企业通过电子平台可以实现对产地信息的即时获取。了解到不同产地的农产品质量、供应量等信息，加工企业可以根据实际需求选择合适的供应商，提高供应链的透明度和灵活性。这种协同机制有效避免了信息不对称，促进了农产品生产者和加工企业之间的合作与协同。

其三，经销商也能够通过电商平台更迅速地了解市场动态和产品信息，及时调整销售策略。通过共享市场信息，经销商能够更好地掌握市场趋势，提高库存管理的准确性，避免库存过高和库存积压问题。这种信息的及时传递和共享有助于构建更为高效的供应链，推动产业链的协同发展。

（二）拓展市场辐射范围

1. 线上销售的市场拓展机制

农村电子商务通过在线销售创造了一种独特的市场拓展机制，打破了传统地理位置的限制，为农产品的广泛销售提供了新的可能性。这一机制通过电子商务平台将农村生产者与城市消费者紧密连接，实现了农产品的远程交易，产生了一系列深远的影响。

其一，在线销售机制扩大了农产品的销售范围。传统农产品销售通常受制于地理位置，使得农产品的市场范围相对狭窄。然而，通过农村电子商务的在线销售，农产品得以覆盖更广泛的市场，不再受地域的限制。消费者可以通过电商平台随时随地购买农产品，使得农产品能够进入城市和乡村的各个角落，实现了销售范围的全面拓展。

其二，在线销售机制提高了农产品的市场知名度。电商平台作为一个信息聚合和传播的平台，为农产品提供了更广泛的曝光机会。农产品的品种、特色、质量等信息通过平台传递给消费者，增强了产品的市场认知度。这种通过在线销售机制实现的市场拓展，使得更多的消费者了解到农产品的存在，激发了他们对农产品的购买兴趣，促进了产品的销售。

其三，在线销售机制通过电商平台的用户评论和评价功能，形成了一种消费者间的口碑传播。消费者在平台上分享农产品的使用体验和评价，形成了一种信任和认同的社交机制。这种口碑传播有助于形成良好的品牌形象，进而吸引更多消费者的关注和购买。在线销售的市场拓展机制因此不仅仅是通过平台的数字化功能，还涉及了社交网络和消费者之间的信息传递。

2.电子商务平台的市场引流机制

农村电子商务平台通过市场引流机制、各类促销和营销活动吸引消费者的关注和参与，从而提高农产品在市场中的曝光度。这一机制在电商平台上通过多方面的策略，有效地促使消费者参与线上购物，为农产品的销售提供了更为广泛的渠道。

其一，农村电子商务平台通过举办各类促销活动，如打折、满减、限时特价等，激发了消费者的购买欲望。这种促销活动可以在特定时间段内引导消费者在平台上购物，通过提供更有竞争力的价格和优惠条件，吸引更多的消费者参与线上购物。促销活动的制定和执行有效地刺激了消费者的购买兴趣，加速了农产品的市场流通。

其二，电商平台通过精心设计的营销活动，如品牌推广、明星代言、主题活动等，增强了农产品在市场中的知名度和美誉度。通过将农产品与各种有趣、吸引眼球的元素结合，提高了产品的吸引力。这种市场引流机制使得农产品在众多竞争对手中脱颖而出，引起了消费者的兴趣，从而增加了产品的曝光度和销售机会。

其三，电商平台具备强大的数据分析功能，能够为生产者提供市场趋势和消费者反馈等信息。通过分析消费者的购买行为、偏好以及对产品的评价，生产者可以更好地了解市场需求，调整产品结构，提高产品的市场适应性。这种数据分析的反馈机制使得农产品能够更灵活地适应市场变化，提高销售的效率和质量。

（三）降低交易成本

1. 中间环节的精简机制

农村电子商务通过引入线上交易模式，成功实施了中间环节的精简机制，从而将生产者与消费者直接连接，省去了传统农产品交易中的多个中间环节。这一机制的实施在多个方面带来了显著的效益，包括信息不对称和物流环节成本的降低，农产品的价格更具竞争力，最终提升了农民的收入水平。

首先，电子商务平台通过线上交易将生产者与消费者直接连接，减少了信息不对称的问题。传统农产品交易中，信息流通受制于多个中间环节，导致了信息的不对称，生产者难以获取市场需求和价格信息。通过电子商务平台，农产品的基本信息、市场需求等可以直接传递给生产者，使其更为及时准确地了解市场状况。这种直接的信息沟通机制有助于提高农产品的市场适应性，使生产者能够更灵活地调整生产计划，满足市场需求。

其次，电子商务通过线上交易精简了物流环节，降低了运输和仓储等成本。在传统的农产品交易中，产品需要经过多个中间环节的仓储和运输，导致了时间和资源的浪费。而电子商务平台通过直接连接生产者和消费者，使农产品可以从生产地直接流向市场，省去了中间环节的物流成本。这不仅提高了农产品的流通效率，也降低了产品的运输成本，使得产品价格更加合理和具有竞争力。

最重要的是，通过线上交易模式，电子商务平台实现了中间环节的精简，直接连接了生产者和消费者。这种直接连接不仅消除了信息传递和物流的中间环节，也降低了交易的复杂性，提高了农产品交易的透明度。这种精简机制使农产品更容易进入市场，为农民创造了更广泛的销售机会，从而提高了其收入水平。

2. 电子支付的便捷机制

电子商务平台提供的便捷的在线支付机制为农产品交易带来了显著的优势，避免了传统现金交易的烦琐程序。这一机制依托电子支付安全、高效的特性，不仅降低了交易的货币成本，提高了农产品交易的便捷性，同时还为交易提供了可追溯的依据，增强了交易的透明度。

首先，电子商务平台提供的在线支付方式消除了现金交易的麻烦。传统的农产品交易中，现金支付存在很多不便之处，包括携带大量现金、找零问题以及可能存在的安全隐患等。而有了电子支付，买卖双方可以通过手机或电脑完成交易，无需携带现金，大大简化了交易的支付过程。这种便捷的支付方式提高了交易的效率，使得农产品交易更加顺畅。

其次，电子支付的安全性和高效性降低了交易的货币成本。传统现金交易可能存在货币损失、收假币等风险，而电子支付则通过安全的加密技术和验证机制，有效降低了交易的风险。此外，电子支付的高效性使得交易结算更为迅速，提高了农产品交易的资金周转效率。这种降低货币成本的机制为农产品交易提供了更为经济和安全的支付方式。

同时，电子支付记录为交易提供了可追溯的依据，增强了交易的透明度。每一笔电子支付都留下了详细的交易记录，包括交易时间、金额等信息，形成了完整的支付流水。这种可追溯性不仅方便了交易的管理和监督，也为纠纷的解决提供了明确的依据。有了电子支付的记录，农产品交易的整个过程变得更加透明、可控，有助于建立信任和合作的基础。

二、农村电子商务与乡村振兴目标的一致性

（一）提高农产品附加值

1. 农村电子商务的附加值提升机制

农村电子商务通过多种手段推动农产品附加值的提升，主要集中在线上销售和品牌建设两方面。其一，电子商务平台为农产品提供了先进的线上销售渠道。这种渠道突破了传统的地理和销售限制，使得农产品得以覆盖更广泛的市场，提高了产品的知名度和销售规模。通过线上销售，农产品能够直接面向终端消费者，减少了中间环节，降低了流通成本，从而提高了农产品的附加值。

其二，农村电子商务注重品牌建设，通过多样化的手段提高产品的溢价。品牌建设不仅包括农产品的包装、营销策略，更涉及产品的质量和特色。电子商务平台为农产品提供了展示的舞台，农产品可以通过平台展示自身的特色和优势，树立品牌形象。同时，电商平台也为消费者提供了评价和反馈的渠道，这促使农产品提高质量、拓展品类，进一步推动附加值的提升。

这一附加值提升机制与乡村振兴的目标高度一致。乡村振兴战略强调通过

提高农产品附加值来增加农民收入，从而推动农村的经济振兴。农村电子商务作为一种新型商业模式，为实现这一目标提供了实质性支持。

2. 与乡村振兴的关联

提高农产品附加值在乡村振兴战略中扮演着至关重要的角色，而农村电子商务的推动使这一目标得以实现。电子商务平台的介入让农产品由传统的散售方式成功转变为具有品牌化和规模化特征的线上销售模式，为提高农产品附加值创造了有利条件。

其一，农村电子商务通过线上销售实现了农产品的全新渠道拓展。传统的散售方式受制于地理位置和市场范围，而电子商务的引入消除了这一限制。农产品通过在线平台，可以覆盖更广泛的市场，直接面向终端消费者。这样的市场拓展不仅提高了农产品的知名度，也促进了销售规模的扩大，为农产品的附加值提升创造了更大的机会。

其二，农村电子商务着重进行品牌建设，从而加强了农产品的市场竞争力。品牌建设涉及产品的包装、营销策略、质量保证等多个方面。电子商务平台为农产品提供了展示和推广的平台，农产品得以通过平台呈现自身的特色和优势。同时，消费者的评价和反馈也促使农产品不断提高质量和特色，从而更好地满足市场需求。这种品牌化的农产品更容易在市场中脱颖而出，为提高附加值奠定了基础。

这一附加值提升机制与乡村振兴的目标高度契合。乡村振兴的核心之一是通过提高农产品的附加值来增加农民的经济收入。农村电子商务作为一种新型商业模式，为实现这一目标提供了有力支持。通过拓展销售渠道和强化品牌建设，电商平台让农产品的附加值得以提升，实现了经济增长和农产品附加值提高的双赢。

（二）促进农村产业结构调整

1. 农村电子商务引导农业升级

农村电子商务的兴起在引导农业升级方面发挥了关键作用。通过在线销售和信息传递，电子商务平台为农民提供了全新的市场参与方式，进而使农业产业更加科学、高效地升级和调整。这与乡村振兴的产业升级目标高度契合，为实现农业的现代化发展提供了新的动力。

其一，农村电子商务通过在线销售为农产品提供了更广泛的市场渠道。传统的销售模式受制于地理位置和市场辐射范围，限制了农产品的销售规模和知名度。而电子商务平台的引入打破了这一限制，使农产品能够通过互联网直接面向全国甚至全球市场。农民通过电商平台实现农产品线上销售，提高了产品的曝光度，拓宽了销售渠道，进而促进了农产品升级和市场化。

其二，农村电子商务为农民提供了即时的市场信息和需求反馈。通过电商平台，农民可以了解到市场上对不同农产品的需求情况，以及相关的市场价格、消费趋势等信息。这使农民能够更加科学地选择适宜的农产品进行种植和养殖，避免了盲目跟风和产业过度投资。农民通过对市场信息的敏感把握，更有可能调整产业结构，朝着市场需求更为迫切的方向进行产业升级。

农村电子商务的引导作用与乡村振兴的产业升级目标相呼应。乡村振兴倡导农村产业结构的调整，通过电子商务的市场信息和销售平台，农产品更容易实现市场化、品牌化，推动农业向高效、高附加值的方向发展。

2. 与乡村振兴的关联

乡村振兴战略旨在通过调整农业产业结构，实现农业向高附加值、绿色、可持续的方向发展。农村电子商务在这一过程中扮演着关键的角色，通过在线销售等手段，为农业产业的优化提供了新的途径，使得农村产业更好地适应市场需求，实现了乡村振兴战略中的产业升级目标。

其一，农村电子商务通过在线销售拓展了农产品的市场渠道。传统的销售方式受制于地理位置和市场辐射范围，限制了农产品的销售规模和知名度。引入电商平台后，农产品得以通过互联网直接面向全国甚至全球的市场，消除了地域限制，提高了产品的曝光度。这种拓展的市场渠道有助于促进农业产业的升级，推动农产品更好地走向市场。

其二，农村电子商务通过提供即时的市场信息和需求反馈，使农业产业更科学、高效地进行升级调整。电商平台为农民提供了市场上不同农产品需求情况、相关价格、消费趋势等信息，使农民能够更加准确地了解市场动态。这为农民调整产业结构提供了参考，使他们更有针对性地选择适宜的农产品进行种植和养殖，避免了盲目投入和过度产业重叠。

农村电子商务的作用与乡村振兴的产业升级目标不谋而合。乡村振兴追求农业向高附加值方向升级，而电商平台通过在线销售和市场信息反馈，使农产品更具市场竞争力，提高附加值。

（三）推动农村数字化发展

1. 农村电子商务的数字化体现

农村电子商务的数字化体现主要表现在其采用互联网技术和电子支付手段，

推动农产品交易的数字化进程。这种数字化体现与乡村振兴战略的数字化目标相契合，促进了农村地区的数字化发展。

其一，农村电子商务通过互联网技术实现了农产品线上销售，使得农产品的交易得以数字化进行。传统的农产品交易主要依赖于传统的实体市场，交易信息受限，交易程序繁琐。而农村电子商务通过建设电子商务平台，农民可以在互联网上发布农产品信息，买家可以在线下单购买，实现了农产品交易的数字化，提高了交易的效率。

其二，农村电子商务推动了农产品交易的电子支付，实现了资金流向的数字化。传统的农产品交易通常采用现金交易，存在资金安全风险和支付过程烦琐的问题。而在电子商务平台上，买家可以通过电子支付手段完成交易，包括支付宝、微信支付等，实现了资金的电子化流动，提高了交易的便捷性和安全性。

其三，农村电子商务通过数据化的方式收集和分析交易信息，为农业生产和市场决策提供了数字化的支持。通过大数据分析，可以更好地了解市场需求、产品偏好等信息，帮助农民调整生产结构，提高生产的精准性和效益。

2. 与乡村振兴的关联

乡村振兴战略的数字化发展目标与农村电子商务的推动密切相关，为农村居民提供更便利的互联网服务，推动农村地区更好地融入数字化时代，实现了数字化发展的互动和共赢。这两者之间的关联体现在多个方面。

其一，乡村振兴战略强调提高农民的数字素养，使其更好地适应数字时代的社会发展。农村电子商务通过推动互联网技术的应用，为农民提供了更广泛的数字化学习和使用机会。通过电商平台，农村居民可以获取各种信息、学习新知识，提升数字技能水平，进而更好地参与社会数字化进程。

其二，农村电子商务为农村居民提供了更便捷的互联网服务，推动了农村地区数字化时代的到来。在电商平台上，农民可以方便地购物、了解市场信息，以及进行在线交易。这不仅促进了农村居民的消费升级，也消除了城乡之间的数字鸿沟，使得农村地区逐步融入数字社会，与乡村振兴的数字化目标保持一致。

其三，农村电子商务的推动有助于拓展农村就业渠道，提高农村居民的收入水平。通过线上销售和数字化服务，农村居民可以从事电商平台的运营、物流、客服等工作，从而增加就业机会。这符合乡村振兴的经济发展目标，通过数字化手段提升农民的经济收入。

第三章 农村电子商务对乡村经济的影响与优化路径

第一节 农村电子商务对乡村产业结构的优化效应

一、信息技术推动乡村产品与市场接轨

农村电子商务通过电子商务平台，运用先进的信息技术，实现了乡村产品与市场的更紧密接轨。这主要体现在以下几个方面：

（一）产品品牌化

1. 电商平台展示机会

电子商务平台为乡村产品提供了全新的展示机会，极大地推动了农产品在全球范围内的展示与推广。通过电商平台，农产品能够摆脱传统的地理限制，实现全球化的展示与销售。这种展示机会为乡村产品创造了更为广阔的市场，使其在全球范围内得以曝光，吸引更多的潜在客户。

在电商平台上，乡村产品能够通过图文、视频等多媒体手段进行全方位的展示。传统的线下销售模式可能受限于场地、时间等因素，而电商平台则为农产品提供了更为灵活和直观的展示方式。通过详细的产品介绍、高质量的图片展示以及产品的生产过程视频等，农产品能够更生动地展现其独特的品质和生产背景，使消费者更直观地了解产品的特点和价值。

这种展示机会为农产品塑造了独特的品牌形象，有力推动了农产品品牌化的进程。在电商平台上，农产品不再是无名之辈，而是通过独特的品牌设计、包装展示，建立了更加鲜明的产品形象。消费者能够通过电商平台更好地获取到产品的来源、生产方式、质量保障等关键信息，提高了对农产品的信任度和认可度。

同时，电商平台为农产品提供了便捷的交流和互动渠道。通过在线留言、评价、客服咨询等方式，消费者可以直接与农产品生产者或销售者进行沟通。

这种互动不仅增强了生产者与消费者之间的联系，还使得生产者能够及时了解市场反馈，为产品改进和升级提供了有力的支持。

2. 信息传播推动品牌升级

信息技术的广泛应用为农产品品牌形象的传播提供了强大的支持，通过社交媒体、电商平台等多种渠道，农产品的品牌信息能够更迅速、广泛地传递到目标受众，推动了农产品品牌升级的进程。

第一，社交媒体成为农产品品牌传播的重要平台之一。通过在社交媒体上建立品牌官方账号，农产品能够通过图文、视频等多媒体形式将品牌故事、生产过程、品质特色等信息传递给消费者。社交媒体的特点在于信息传播的实时性和互动性，品牌能够通过发布即时动态与消费者互动，建立更加亲近的关系，增强消费者黏性。

第二，电商平台作为农产品品牌宣传的主要阵地，为品牌提供了更广泛的展示和推广机会。在电商平台上，农产品能够通过详细的产品介绍、高质量的图片、用户评价等方式呈现全方位的品牌信息。消费者在浏览商品时能够了解产品的来源、生产方式、品质保障等关键信息，从而更有信心地进行购买。电商平台的普及推动了消费者对品牌信息的深入了解，提升了品牌形象在市场中的认知度。

第三，通过在线广告、推广活动等手段，农产品品牌能够更精准地定位目标受众，使得品牌信息更有针对性地传递给潜在消费者。这种定向传播有效地提高了品牌信息的曝光率，使得更多的消费者了解并关注农产品品牌。

这种信息传播机制推动了农产品品牌升级的进程。品牌升级不仅能提高产品的知名度，更是通过深入挖掘品牌故事、强调品质特色，赋予品牌更多的文化内涵和情感价值。信息技术的运用使得这些品牌元素更好地传达给消费者，从而在市场上建立更为优质的品牌形象，使品牌更受市场欢迎。

（二）规模化线上销售

1. 打破地理限制

电商平台的兴起有效地打破了传统销售的地理限制，为乡村产品创造了更为广泛的市场覆盖面。这一趋势有助于解决传统乡村产品销售所面临的地理分散和市场覆盖面有限的问题，同时也推动了乡村产品销售模式从小规模零售向规模化线上销售的转变。

电商平台的全球性和与边界无关的特性为乡村产品提供了突破传统地理限

制的机会。通过电商平台，乡村产品可以在全球范围内通过互联网渠道进行销售，不再受制于传统零售模式中的地理局限。这意味着即便乡村地区相对偏远，其特色产品也能够触及更多的潜在消费者，实现全球市场的拓展。

电商平台提供的便捷物流体系也是打破地理限制的关键因素之一。通过电商平台的物流网络，乡村产品能够迅速、安全地被运送到全国甚至全球各地。这不仅缩短了产品到达消费者手中的时间，也降低了物流成本，提高了产品的市场竞争力。

电商平台的普及使得乡村产品能够通过精准地推广和广告手段吸引更多目标受众。通过在平台上投放定向广告、推广活动等，乡村产品能够精准地锁定潜在消费者，提高产品的曝光度。这种精准推广有效地打破了传统地理销售模式中受众范围有限的状况，使乡村产品能够更广泛地覆盖市场。

2.实现产业链规模效益

电子商务的规模化线上销售为整个产业链的规模效益提升带来了显著的推动力。这一趋势的发展使得农产品的生产、加工、物流等环节能够更为有效地整合和协同，从而减少了农产品生产碎片化的现象，提高了整个产业链的效益水平。

其一，规模化线上销售带动了农产品生产环节的优化与整合。随着销售规模的扩大，农产品生产主体更容易形成规模化生产的条件，采取集约化的管理方式，提高生产效益。规模化生产使得农业资源得以更加合理地利用，降低了生产成本，提高了生产效率。同时，生产环节的整合也有助于协同管理，通过信息化手段实现农产品生产的科学化和智能化。

其二，规模效益的提升在农产品加工环节得以体现。随着销售规模的扩大，农产品加工环节能够更好地适应市场需求。规模化加工可以减少浪费，提高加工效率，使得农产品的附加值得到提升。同时，规模效益还能够带动农产品加工企业的技术升级和创新，提高产品的质量和品牌竞争力。

其三，规模化线上销售对农产品物流环节也产生了深远的影响。随着销售规模的扩大，物流能够更加精细地进行规划和执行。优化的物流系统可以降低运输成本，提高配送效率，保障产品新鲜度。规模效益的提升使得物流环节能够更好地适应电子商务的需求，实现全链路的协同配送。

二、联合合作机制促进产业链协同发展

农村电子商务通过提供跨区域、跨行业的联合合作机制，促使不同农产品

形成更为紧密的产业链，从而实现产业链协同发展。这体现在以下方面：

（一）紧密的供应链合作

1. 电商平台的直接对接

电子商务平台为农产品提供了更为直接、高效的供应链合作机会，通过不同产业链上的参与者，包括农业生产者、加工企业和经销商等，实现直接对接。这种直接对接的模式加强了各环节之间的联系，推动他们更为紧密地合作。

其一，电商平台的直接对接优化了生产环节。农业生产者能够通过电商平台直接将自己的产品信息上传，实现与加工企业和经销商的直接对接。这种模式下，农产品的信息能够更迅速地传达到下游环节，提前了解市场需求，有助于农业生产者更科学地制订生产计划。同时，直接对接也减少了中间环节，缩短了销售链条，有助于提高农产品的销售效率。

其二，电商平台的直接对接改善了加工环节。加工企业可以通过电商平台直接获取农产品的信息，从而更准确地了解原材料的供应情况。这种直接对接使得加工企业能够更灵活地调整生产计划，减少库存压力，提高生产的精细化水平。同时，加工企业还能够更迅速地反馈市场需求，使生产和销售更为协同。

其三，电商平台的直接对接也优化了销售环节。经销商能够通过电商平台直接了解农产品的供应情况，更迅速地作出采购决策。这种模式下，经销商可以更灵活地根据市场需求进行采购和库存管理，减少了信息不对称导致的库存积压问题。直接对接也让经销商更有能力根据市场反馈调整销售策略，提高销售效益。

2. 合作模式的效率提升

供应链合作通过电商平台的支持，有效地提高了合作模式的效率。这主要体现在直接对接的机制上，减少了信息传递的时间，供应链各参与者能够更迅速地作出决策和调整。这种效率提升有助于降低运营成本，推动了供应链合作模式向更高效的方向发展。

第一，直接对接减少了信息传递的时间滞后。在传统的合作模式中，信息需要经过多个环节的传递，而在电商平台的支持下，各参与者能够直接上传和获取相关信息。信息在供应链中的传递更为迅速，减少了因信息滞后导致的决策时间延误。供应链各参与者能够更及时地了解市场需求、生产状况等信息，有助于更灵活地应对市场变化。

第二，直接对接提高了合作模式的反应速度。由于直接对接的方式使参与者能够实时获取信息，各环节的反应速度大幅提高。生产者、加工企业和经销商等可以更快速地作出生产计划、调整库存和采购策略等决策。这种实时的反应有助于应对市场的动态变化，使得供应链更具弹性和适应性。

第三，直接对接降低了合作成本。传统的合作模式中，由于信息传递时间较长，可能导致资源的浪费和库存的积压。而通过电商平台的直接对接，合作各方能够更精准地作出需求预测和生产计划，减少了不必要的资源浪费，优化了库存管理。这降低了合作的整体成本，提高了合作效益。

（二）全产业链的整体优化

1. 资源整合的平台

电商平台作为农产品整合资源的重要平台，极大地促进了全产业链的协同发展。通过电商平台，农产品从生产、加工、销售到物流等环节得以有机地整合，形成了更为紧密的全产业链网络，推动了各环节的整体优化。

第一，电商平台为农产品提供了全产业链的一站式服务。生产者、加工企业、销售商等各个环节的参与者可以通过电商平台进行信息的上传、共享和交流。这种一站式服务使得各参与者能够更为方便地进行合作，实现了全产业链的信息互通。

第二，电商平台促进了农产品生产与市场需求的紧密对接。通过平台上的数据分析和市场信息反馈，农产品的生产者能够更精准地了解市场需求，进行生产计划的调整。这种紧密对接使得生产环节更加符合市场需求，提高了生产的精准度和效率。

第三，电商平台优化了销售渠道，拓展了农产品的市场覆盖。由于电商平台具有覆盖面广、用户众多的特点，农产品能够通过平台直接触达更多的消费者，打破了传统销售的地理限制。这有助于提高农产品的知名度，拓宽了销售渠道，促进了市场的扩大。

第四，电商平台也提高了农产品的物流效率。有了平台的物流系统，农产品的流通路径得以优化，降低了物流成本。这使得农产品能够更快速、安全地到达消费者手中，提高了产品的流通效率。

2. 信息的共享和流通

电商平台的建设实现了全产业链上信息的共享和流通，为生产、加工、销售等环节提供了更为高效的信息互通渠道。这种信息的共享不仅涉及各个环节的内部运作，还涉及整个产业链上不同参与者之间的信息交流。

其一，生产环节可以通过电商平台获取市场需求信息，了解消费者的偏好和购买趋势。这有助于生产者根据实际需求制订和调整农产品的生产计划，提高了生产的灵活性和适应性。同时，生产者还可以获取到关于农业技术、种植管理等方面的信息，从而提升农产品的品质和产量。

其二，加工环节可以通过电商平台获取到关于农产品原材料的信息，了解市场上的价格波动和供应情况。这有助于加工企业进行合理的原材料采购和库存管理，提高生产效率，降低生产成本。

其三，销售环节可以通过电商平台获取市场反馈、用户评价等信息，了解产品在市场上的表现。这种信息的获取有助于销售商制定更有效的销售策略，改进产品的包装和营销手段，提高产品的市场竞争力。

其四，电商平台也为不同环节的参与者提供了即时的沟通和互动平台，促进了信息的快速传递。各个环节的参与者可以通过平台上的消息、邮件等工具进行及时的沟通，解决问题、协调合作，使得整个产业链更为协同运作。

第二节 农村电子商务对农民收入增长的促进作用

一、拓宽销售渠道促进农产品销售规模扩大

（一）电商平台提供广阔的市场空间

1. 电商平台开启新的市场辐射

电子商务平台的兴起为农村电子商务带来了新的市场辐射，为农产品提供了更为广阔的销售空间。传统的农产品销售通常受限于有限的地理市场，这一局限性导致了农产品的销售难题和市场竞争的加剧。然而，随着电商平台的普及，这一限制得以打破，市场辐射范围得以迅速扩展，不再局限于传统的本地市场。电子商务平台为农产品销售提供了全国甚至全球的市场渠道，为农民创造了更为多样的销售机会。

农产品通过在线平台可以实现迅速进入不同地区和群体的消费市场，从而实现市场空间的跨越式扩展。电商平台的便捷性和高效性使得农产品能够更快速地被市场接受，有助于解决传统农产品销售中的滞销问题。同时，电商平台还为农民提供了更多的销售渠道选择，不再依赖传统的农贸市场或中间商，降低了销售成本，提高了销售利润。

此外，电子商务平台的普及也带动了农业产业的升级。为了适应电商平台

的需求，农民和农业企业逐渐引入现代化的农业生产方式和技术，提高了农产品的质量和产量。这种升级不仅有利于提升农产品在市场上的竞争力，同时也推动了农业现代化进程，促进了农村经济的可持续发展。

2. 大数据分析助力目标受众精准定位

电商平台在当前数字化时代的发展中，通过大数据分析和精准的推广手段，为农产品实现更为精准的目标受众定位，从而提升销售的效果。大数据分析是一种基于庞大而复杂的数据集进行分析和解释的方法，通过深入挖掘用户行为、购买记录等多方面的数据信息，电商平台能够更全面地了解消费者的喜好、需求和行为模式。

通过用户行为分析，电商平台可以洞察消费者的浏览习惯、点击偏好以及购物路径等信息。这有助于构建用户画像，精准描绘目标受众的特征和消费行为。对购买记录的分析则进一步加深了对用户需求的理解，平台可以了解到用户的购物历史、偏好品类、购买频次等关键信息，为后续的产品推广提供了有力支持。

基于这些深入的数据分析，电商平台可以制定更为精准的推广策略。例如，可以通过个性化推荐系统向用户展示符合其兴趣和需求的农产品，提高用户的购买兴趣和决策意愿。此外，平台还可以通过定向广告、营销活动等手段，将农产品信息精准地传递给潜在的目标受众，提高产品的曝光度和市场影响力。

这种精准的目标受众定位不仅提高了销售的效果，也为农产品在竞争激烈的市场中赢得了更大的优势。通过满足消费者个性化的需求，提供更符合其口味和偏好的农产品，电商平台能够在庞大市场中建立起更高的品牌认知度和用户忠诚度。这对于农产品销售的长期发展具有积极的影响。

3. 解决地理和时间限制问题

电商平台的崛起为农产品销售带来了深刻的变革，有效解决了传统农业面临的地理和时间限制问题。传统的农产品销售受到地理位置的制约，限制了产品在有限地区内的流通，导致了市场辐射范围狭窄和销售受限的问题。然而，随着电商平台的兴起，农民们得以摆脱这一束缚，实现了随时随地地推广和销售，打破了地理限制，拓展了销售的空间范围。

通过电商平台，农民可以在全国范围内推广和销售其产品，而非仅限于传统的本地市场。这为农产品销售模式带来了更为灵活和便捷的转变，使得产品可以迅速进入不同地区和群体的消费市场。农民不再仅仅依赖于当地市场，而是通过在线平台，将产品推向更广泛的国内甚至全球市场，实现了销售空间的跨越式扩展。

除了地理限制的突破，电商平台还有效解决了时间限制对农产品销售的影响。传统的农产品销售通常受到季节、天气等因素的限制，导致农产品的销售周期短、效益不稳定。然而，电商平台的运用使得农产品销售摆脱了时间的限制，实现了全年无休的推广和销售。农民可以随时更新产品信息、参与各类促销活动，与消费者建立更为紧密的联系，提高了销售的效率和便利性。

（二）提升销售规模，增加农民收入

1. 规模化销售降低中间环节成本

电商平台的崛起在农产品销售中掀起了一场革命性的变革，其中规模效应成为推动农产品销售高效化和成本降低的关键要素。规模化销售为农产品提供了更为高效和便捷的销售通路，通过整合生产、加工、物流等环节，农民能够更有效地管理和资源配置，从而降低中间环节的成本。

在规模化销售的背景下，农产品的生产、采购、加工等环节得以更好地整合。农民通过电商平台能够直接与生产环节对接，合理制订农业生产计划，实现生产过程的优化和高效运作。与此同时，通过规模化采购，农产品的原材料成本得以降低，进一步提高了整体销售的盈利空间。

规模效应在农产品物流方面也发挥着显著的作用。电商平台通过建立庞大的物流网络，实现了农产品快速、便捷地配送，缩短了供应链的周期。这不仅提高了商品的流通速度，也降低了物流环节的成本，使得农产品能够更迅速地抵达消费者手中。农产品在销售过程中不再受制于地理位置和运输时间，从而进一步降低了销售中的中间环节成本。

规模化销售对于提高农产品的市场竞争力起到了积极的作用。通过规模效应，农产品得以更好地满足市场需求，提高了供给的灵活性和响应速度。大规模销售还使得农产品在市场上具备更强的议价能力，有利于农民获取更有竞争力的价格。这不仅促进了农产品的市场拓展，也推动了整个农业产业链的升级和转型。

2. 生产、加工和物流整合形成规模效应

销售规模的扩大在电商平台上推动了农产品生产、加工和物流等环节的整合，形成了显著的规模效应。这一整合过程为农业产业链的高效运作提供了有力支持，从而带来了生产效益的提升和生产成本的降低。

第一，规模效应在农产品生产环节发挥了积极的作用。随着销售规模的扩大，农民得以整合生产过程，实现农业生产的规模化和标准化。这种整合有助于减少碎片化的生产现象，提高了生产效益。农产品的规模生产使得农民能够更好地运用现代农业技术，提高农产品的产量和质量，从而增加整体产值。

第二，规模效应在农产品加工环节的整合中发挥了关键作用。电商平台为农产品提供了更为广泛的市场，推动了农产品加工环节向规模化方向转变。农产品加工环节的规模效应不仅降低了单位产品的加工成本，还提高了加工效率。通过整合加工链，农产品能够更好地适应市场需求，生产出更符合消费者口味和需求的产品。

第三，规模效应在农产品物流环节也发挥了重要作用。随着销售规模的扩大，物流环节得以更好地整合和优化。电商平台通过建立庞大的物流网络，实现了农产品快速、便捷地配送，降低了物流环节的成本。这不仅提高了商品的流通速度，也使得农产品在销售过程中不再受制于地理位置和运输时间，从而降低了销售中的中间环节成本。

3. 品牌形象提升推动销售规模进一步扩大

规模化销售为农产品带来了品牌化的机遇，通过电商平台的推动，农民更容易实现品牌形象的提升。这一过程不仅为农产品赋予了更为显著的身份认同，也为销售规模的进一步扩大奠定了基础。电商平台为农产品提供了广泛而有力的品牌建设平台，通过推广、宣传等手段，农产品的品牌形象得以提升。

首先，规模效应助推了农产品品牌形象的建设。销售规模增加意味着有了更多曝光和触及消费者的机会。电商平台作为信息传播的重要渠道，为农产品提供了更广泛的宣传渠道。通过品牌建设，农产品能够在平台上展示特色和价值，形成鲜明的品牌形象。这种品牌形象的建设有助于提高消费者对农产品的认知度和信任度，为销售规模的进一步扩大奠定了基础。

其次，品牌形象的提升对于销售规模的扩大具有推动作用。良好的品牌形象能够吸引更多的目标受众，激发消费者的购买欲望。通过在电商平台上展示品牌的故事、产品的质量保证以及与消费者互动等方式，农产品的品牌形象可以更深地融入消费者的心灵，激发其购买兴趣。这种品牌吸引力有助于推动销售规模的进一步扩大，形成销售的良性循环。

再次，品牌形象的提升还为农产品创造了更多的附加值。在电商平台上，消费者往往更注重品牌的信誉和口碑，而非产品本身。通过品牌建设，农产品能够赋予产品更为独特的文化内涵和情感共鸣，使得产品在竞争激烈的市场中脱颖而出。这种附加值的提升进一步加强了消费者对农产品的忠诚度，为品牌在市场上的持续发展提供了有力支持。

二、构建农产品价值链，提高附加值

（一）电商平台推动农产品深加工

1. 在线销售平台的作用

电子商务通过在线销售平台推动农产品由简单的初级加工向深加工发展，为农产品提供了多方面的机遇和挑战。在线销售平台的作用在于不仅为农产品提供了直接接触终端消费者的机会，而且激发了对农产品进行深度加工的需求，从而促进了农产品的附加值提升和产业结构升级。

第一，通过在线销售平台，农产品可以更直接、高效地接触终端消费者。传统的销售模式中，农产品需要通过多层次的流通环节才能到达最终的消费者手中，这不仅增加了销售成本，也使得农产品与终端消费者之间相对疏远。而在线销售平台打破了这一限制，使农产品能够更直接地被消费者发现、了解和购买。这种直接的销售模式有助于建立农产品的品牌形象，提高产品的知名度和美誉度。

第二，通过在线销售平台，消费者对农产品的需求逐渐转向了更加多样化和个性化的方向。终端消费者通过电商平台能够更灵活地选择符合自己口味和需求的农产品。这使得农产品生产者在产品的品种、规格、包装等方面更加注重差异化和个性化，从而满足多样化的市场需求。这也激发了农产品深度加工的需求，以提供更多元化的产品形式，进而提高农产品的附加值。

第三，在线销售平台为农产品的深加工提供了更广泛的市场空间。随着终端消费者对农产品品质和功能需求的不断提升，农产品的深加工成为产业发展的重要方向。通过在线销售平台，农产品深加工企业能够更便捷地将其产品推向市场，实现初级加工向深加工的转变。这有助于提高农产品的附加值，增加企业和农民的收益。

2. 农产品的复杂深加工

在电商平台的推动下，农产品日益进行更为复杂的深加工，包括精炼、提纯、包装等多个环节，使得农产品不仅能满足基本需求，更能够提供更多元、高品质的产品。这种深加工趋势在一定程度上改变了农产品的生产和销售模式，在线销售平台为农产品提供了更广泛的销售渠道，使得经过深加工的农产品更容易进入市场。

其一，电商平台的出现为农产品的深加工提供了更为广泛的市场机会。传统的销售渠道受限，往往局限于当地或周边地区，农产品深加工企业面临着有限的销售范围。而电商平台的全球性特点使得深加工的农产品有机会进入更广泛的市场，不再受制于地理位置。这种市场机会的拓宽为农产品深加工提供了更大的发展空间。

其二，电商平台为农产品提供了更直接、高效的销售途径。深加工的农产品通过在线销售平台能够直接接触到终端消费者，避免了传统销售中多层次的流通环节。这不仅提高了销售效率，也降低了销售成本。同时，直接面向终端消费者使得深加工的农产品更容易获得市场的认可和口碑，为品牌建设打下了坚实基础。

其三，电商平台的数字化特性促进了农产品深加工企业与消费者之间的信息沟通。通过在线销售平台，农产品深加工企业能够更好地了解市场需求和消费者反馈，灵活调整产品结构和品质标准。这种信息沟通机制能让深加工的农产品更符合市场需求，提高产品的竞争力。

（二）增加农产品附加值，促进农民收入增长

1. 提高农产品附加值

通过深加工，农产品的附加值得以有效提升，在市场中获得竞争优势并吸引更多消费者。这一提升附加值的过程不仅在于提升产品品质，还包括品牌建设和包装设计等方面，使农产品在市场中更具吸引力。

其一，深加工是提高农产品附加值的关键手段之一。通过对农产品进行深度加工，不仅能够延长产品的保质期和改善口感，更能够开发出更多元、高附加值的终端产品。例如，从水果中提炼出的果汁、果酱等深加工产品，不仅满足了消费者对便捷食品的需求，而且提供了更多口味以供选择，增加了产品的附加值。

其二，品牌建设是提高农产品附加值的重要环节。通过塑造独特的品牌形象，农产品不再仅仅是一种普通商品，而是代表着一定品质和信誉的产品。有了强大的品牌支持，农产品更容易在市场中获得认可，提高附加值的同时也提高了市场竞争力。品牌的建设还有助于建立品牌忠诚度，促使消费者更加愿意购买和信任农产品。

其三，包装设计是提高农产品附加值的重要手段之一。巧妙设计的包装不

仅可以吸引消费者的注意，还能够传递产品的独特卖点和品质特色。通过独特的包装设计，农产品能够在众多竞争对手中脱颖而出，为产品注入更多文化和情感元素，从而提高附加值。

2. 就业机会的增加

农产品的深加工过程为社会创造了更多的就业机会，涉及更多的人力、技术和管理支持。从原本简单的生产阶段转向深加工，不仅提升了就业需求的复杂性，同时也为农村地区提供了多元化的就业机会，有力地增加了居民的收入来源。

其一，农产品深加工过程的复杂性带来了对更多专业人才的需求。随着农产品的深度加工，需要涉及食品科学、食品工程、食品安全等多个领域的专业人才。例如，果蔬加工厂，需要拥有食品工程师、营养师、质检员等专业人才，以确保产品的质量和安全。这为高校毕业生提供了更多就业选择，也提高了农产品深加工的科技含量。

其二，农产品深加工的过程需要更多技术工人的参与。例如，食品生产线上的操作工、机械维护工等技能型人才在生产中起着关键作用。这为技校毕业生提供了更多的就业机会，他们能够通过专业技能的运用为农产品深加工提供支持，同时也为自身的职业发展打下基础。

其三，农产品深加工过程的复杂性还带来了管理层面的就业机会。生产过程需要经验丰富的管理人员，负责协调生产计划、人员安排、质量控制等方面的工作。这为管理类专业的人才提供了更广阔的发展空间，推动了农产品深加工企业的健康发展。

第三节　农村电子商务对乡村市场体系的完善与创新

一、电子商务对传统市场的冲击

（一）打破地理限制

1. 电商平台地理无缚束

电子商务的兴起为传统市场带来了深刻的变革，其中地理无束缚的特性在农产品领域表现得尤为显著。传统市场受限于乡村的地理布局，导致农产品的销售范围相对狭窄。存在这一限制主要是由于地理位置的局限性，农产品在传统市场中只能在有限的区域内销售，造成了市场的局部性和销售的有限性。

然而，电商平台的兴起改变了这一局面。通过线上销售，电子商务打破了传统市场中的地理限制，为农产品提供了更广泛的销售渠道。农民通过入驻电商平台，不再受制于地理位置，能够将农产品轻松地送达更广阔的地理区域。这使得农产品的销售范围得以迅速扩大，农民有机会将产品推向更遥远的市场，实现了销售渠道的全面拓展。

地理无束缚的创新为农产品带来了巨大的市场机遇。不再受限于传统市场的地理布局，农产品能够通过电商平台触及更多的消费者，不仅在城市地区有更广泛的销售网络，而且能够远销至其他地区，甚至是国际市场。这为农民提供了更多的销售选择，减轻了传统市场的局部性带来的压力，也为他们带来了更多的收入来源。

除了对农产品销售范围的影响，电商平台还通过地理无束缚的特性改变了整个供应链的格局。传统市场中，由于地理局限性，农产品供应链相对封闭，难以引入外部资源和创新。而电商平台的全球性特征使得农产品供应链更加开放，能够更灵活地引入外部资源，加速农业生产和市场流通的效率。这对于提升整条农业产业链的竞争力和效益有着积极的作用。

2. 挑战传统市场的局限性

电子商务的崛起所引发的地理无束缚的革新对传统市场体系构成了巨大的冲击。这一变革不仅是在销售范围上的拓展，更是对传统市场的局限性提出了严峻的挑战。传统市场，受制于地理因素，过去通常只能在有限的区域内进行销售，导致了市场的局部性和有限性。然而，电商平台的崛起打破了这种地理限制，使得农产品可以通过线上销售轻松覆盖更广阔的地理区域。

这种地理无束缚带来的挑战要求传统市场体系进行全面的调整和升级。首先，传统市场必须应对来自更广阔市场竞争的挑战。原本局限于本区域的市场现在需要直面来自全球范围内的竞争，这对传统市场的商家和农民提出了更高的要求。他们需要重新思考销售策略和市场定位，以更好地适应全球市场的激烈竞争环境。

在这个过程中，农产品供应链的重构变得迫切。为了满足跨地域销售的需求，传统市场不得不重新考虑物流和仓储系统的效率问题。由于销售范围的扩大，物流链和仓储系统需要更高效、更灵活地运作，以确保农产品能够迅速、安全地送到全球不同地区的消费者手中。这可能涉及物流网络的重新设计、仓储设施的升级，以及信息技术的更广泛应用，以提升供应链的整体效能。

同时，传统市场体系也需要更加灵活地应对市场需求的变化。由于电商平台的出现，市场参与者对商品的选择更加多样化，对服务的要求也更加个性化。传统市场在重新进行市场定位时，需要更加灵活地调整产品种类、品质和价格策略，以迎合不同地区、不同消费者的需求。这种市场定位的灵活性也需要与供应链的升级相协调，以确保产品的生产和流通能够满足多样化的市场需求。

（二）调整传统市场体系

1. 服务水平和品质的提升

电子商务的崛起引发了传统市场体系的深刻调整，其中最显著的变化之一是对服务水平和产品品质的提升。为了应对电商平台的激烈竞争，传统市场的商家们纷纷意识到，只有通过提供更卓越的服务和更高品质的产品，才能在竞争激烈的市场中立于不败之地。这一转变使得传统市场在追求商业成功的同时，更加注重消费者的体验。

服务水平的提升成为传统市场调整的核心之一。商家们认识到，为顾客提供更加周到、专业的服务，是吸引和留住顾客的重要手段。传统市场开始加强培训员工的专业素养，提高其对商品知识和市场趋势的了解，以更好地为顾客提供咨询服务和建议。同时，商家们通过提升服务效率，缩短等待时间，增强售后服务，全面提升服务水平。这一服务水平的提升不仅增强了消费者对传统市场的信任感，也在一定程度上抵御了电商平台的竞争压力。

与此同时，产品品质的提升也成为传统市场调整的重要方向。商家们逐渐认识到，优质的产品是吸引消费者的核心。为了达到更高的品质标准，传统市场的商家们加强了与供应商的合作，严格控制产品的原材料品质和制造工艺。不仅如此，一些传统市场还推动本地农业和手工业的发展，以提供更加地道和高品质的商品。这种对产品品质的重视不仅提升了消费者的购物体验，也为传统市场树立了更为良好的品牌形象。

这种服务水平和产品品质的提升使得传统市场不再只依赖于地理位置的优势。因为注重消费者体验，传统市场在竞争中找到了新的立足点。商家们通过不断提升服务和产品的质量，争取留住现有顾客，同时吸引更多消费者的关注。这种经营理念的转变不仅带动了传统市场整体竞争力的提升，也为商家们在电商激烈竞争的环境中寻求发展提供了新的方向。

2. 引入线上销售渠道

电子商务的冲击使得传统市场商家逐渐认识到线上销售渠道的战略地位。

面对电商平台崛起，传统市场商家开始深刻理解，为消费者提供更便捷的购物方式是提升市场竞争力的重要一环。在这一背景下，传统市场纷纷进行线上销售尝试，不仅搭建起自己的电商平台，也积极参与第三方电商平台，以便更好地把握消费者的购物趋势和需求。

引入线上销售渠道对传统市场的影响是多方面而深远的。首先，这一变革为传统市场带来了全新的销售机会。有了线上平台，传统市场的商品不再受制于地理位置，而是能够迅速覆盖更广泛的消费群体。这种全球性的销售机会为传统市场拓宽了市场边界，使其产品能够被更多地区的消费者了解和购买。

其次，引入线上销售渠道为传统市场商家提供了更多与消费者直接互动的机会。通过电商平台，商家可以更及时地了解消费者的反馈和需求，有针对性地进行产品调整和服务改进。这种直接互动不仅有助于提升消费者体验，也为商家提供了更有效的市场调研手段，从而更好地把握市场动态。

3. 硬件设施和管理模式的改善

为了提升市场竞争力，传统市场在适应电子商务时代的过程中，不仅仅在销售层面进行了调整，还着力改善硬件设施和管理模式。这一全面性的改进涵盖了多个方面，旨在提高市场的整体效能，从而更好地适应当今数字化经济的需求。

首先，传统市场意识到硬件设施的升级对于提升市场竞争力至关重要。市场设施的现代化和更新不仅可以改善消费者的购物体验，还能提高市场运营的效率。这包括对市场内部环境的改善，例如更舒适、安全的购物环境，以及更为现代化的设备和设施，如数字屏幕、支付系统等，从而提高市场的整体形象。

其次，物流效率的提升成为传统市场重点改善的方向之一。为了适应电子商务时代的高效物流要求，传统市场积极引入新的物流技术和管理系统，以确保产品的迅速配送和库存的有效管理。这可能涉及物流网络的重新设计，仓储设施的升级，以及采用先进的物流管理软件，以提升整条供应链的运作效率。

同时，传统市场还注重引入先进的管理技术，以提高运营的智能化水平。这包括采用数据分析、人工智能等技术来优化市场的运营和管理流程。通过对销售数据、消费者行为等信息的深度分析，传统市场可以更好地理解市场趋势和消费者需求，从而制定更为精准的市场策略。这种先进管理技术的引入，使得传统市场能够更灵活地应对市场的动态变化。

这一系列硬件设施和管理模式的改善不仅使传统市场更好地适应了电子商

务时代的需求，也为市场的长期可持续发展奠定了坚实的基础。通过提高市场形象、提升物流效率和引入智能管理技术，传统市场不仅更具吸引力，而且为适应竞争激烈的市场环境做好了准备。

（三）电子商务与传统市场的融合

1. 互补关系的建立

随着时间的推移，电子商务和传统市场之间逐渐形成了互补关系，展现出一种融合发展的趋势。这种相互关系不仅丰富了市场的多元性，也为整个商业生态系统的持续发展提供了新的动力。

传统市场通过引入线上销售渠道，成功地吸引了更多的消费者。通过电商平台，传统市场得以扩大销售范围，不再受制于地理位置。这使得传统市场不仅能够更广泛地触及城市和农村地区的消费者，还能够进入国际市场。消费者通过线上购物获得更为便捷的体验，而传统市场也通过线上渠道更好地满足了现代消费者对商品的多样化需求。

与此同时，电子商务平台通过与传统市场的合作，获取了更多优质的供应商和商品。传统市场拥有丰富的实体商家资源，这些商家在产品质量、原产地、文化背景等方面具有独特优势。通过与这些传统市场合作，电子商务平台不仅能够丰富其商品种类，还能够提供更具地域特色的产品，满足不同地区和文化背景的消费者需求。这种合作关系也使得电子商务平台在建立信任和提升商品质量方面能更受益。

这种电子商务与传统市场的互补关系，不仅使两者能够共同发展，而且推动了整个市场的升级和创新。传统市场通过引入线上销售，提升了自身的竞争力，更好地适应了数字化时代的趋势。电子商务通过与传统市场合作，得到了更为多样化和更有地域特色的商品，提高了平台的吸引力和市场份额。

2. 数据驱动的决策

电子商务的兴起催生了传统市场向数据驱动的决策模式的深刻转变。在数字化时代，通过允分利用大数据和先进的分析技术，传统市场可以更全面、精准地了解和把握市场动态，从而更有效地制定决策，提高市场的竞争力和盈利能力。

数据驱动的决策模式的核心在于对消费者数据的收集、分析和运用。传统市场通过各种渠道收集大量消费者的购物记录、偏好、行为习惯等多维度的数据。通过对这些数据的深度分析，市场决策者可以更全面地了解消费者的需求和喜好，把握市场趋势。例如，可以通过购物历史数据了解消费者对某类产品的偏好程度，通过行为数据预测消费者可能感兴趣的新品的推出时间等。这使得传统市场能够更为精准地进行商品布局和市场定位，提升商品的受欢迎程度。

同时，数据驱动的决策模式也为传统市场提供了更有效的促销策略制定手段。通过对消费者行为数据的分析，市场决策者可以更好地了解促销活动对不同群体的影响，找到更有效的促销时机和方式。这种个性化的促销策略不仅能够提高促销活动的效果，还能够更好地满足不同消费群体的需求，提升市场的服务水平。

二、电子商务对传统市场的创新

（一）引入信息元素提升市场透明度

1. 电商平台的信息传递机制

电子商务的崛起在乡村市场中引入了一种全新的信息传递机制，极大地提升了市场的透明度和效率。通过电商平台，农产品的价格、需求等关键信息能够实时传递，为市场参与者提供了更全面、及时的市场数据，从而推动了市场的信息化和高效运作。

这种信息传递机制的核心在于电商平台作为信息的集散地。首先，通过电商平台，农产品的供应商和买家能够在同一个平台上进行信息交流和交易。农产品的价格、品质、产地等关键信息可以在平台上进行公示，让买家在不同供应商之间进行比较和选择。这为市场参与者提供了更为直观和全面的市场数据，使其能够更加理性地进行决策。

其次，电商平台通过大数据和智能化技术，能够对市场数据进行深度分析和挖掘。这种数据分析不仅可以为市场参与者提供更精准的市场趋势预测，还能够帮助供应商更好地了解市场需求，优化产品结构和定价策略。同时，买家也能够通过平台上的智能推荐系统找到更符合其需求的产品，提高购物的便捷性和准确性。

此外，电商平台的信息传递机制还促进了市场的交流和合作。通过平台上的评价和评论系统，买家能够分享购物体验和对产品的评价，为其他消费者提供参考。这种社交化的信息传递不仅增强了市场参与者之间的互动，也提升了市场的可信度。供应商可以通过了解消费者的反馈，不断改进产品质量和服务水平，建立起更加良好的品牌形象。

2. 提升市场的决策效率

电子商务创新的一个重要方面是在促使市场信息更加透明的同时，提升了市场的决策效率。这一创新使得农民和商家能够更容易获取准确、实时的市场信息，从而能够更明智地作出决策，有效地调整生产和经营策略。

对于农民而言，电子商务创新为其提供了更准确的市场需求和价格趋势信息。通过电商平台，农民可以随时了解市场对特定农产品的需求状况，以及相关产品的价格波动情况。这使得农民能够更精准地制订生产计划，有针对性地选择种植农产品，以更好地适应市场的需求变化。此外，通过电商平台上的数据分析工具，农民还能够更深入地了解消费者的偏好，为产品的定位和推广提供更为科学的依据。

商家在电子商务创新中同样受益匪浅。通过电商平台，商家能够更好地掌握市场动态。实时更新的销售数据、消费者反馈等信息为商家提供了即时的市场反馈。这使得商家能够灵活地调整供应链和库存策略，更有效地应对市场的波动。此外，电子商务创新也为商家提供了更直接地与消费者互动的机会，通过线上平台进行促销活动、产品推广，进一步提高了市场的知名度和竞争力。

这种信息透明度和实时性的提升，进一步降低了市场中的信息不对称带来的风险。农民和商家可以更全面地了解市场的供需状况，减少了因信息不足而作出不理性决策的可能性。这为市场的长期稳定和可持续发展提供了坚实的基础。

3. 促进市场体系的升级

电子商务引入的信息元素不仅仅在提升市场透明度方面发挥作用，更在促进整个市场体系的升级和优化上发挥了关键作用。这一转变不仅使市场参与者能够更全面地了解市场状况，也在一定程度上缓解了信息不对称问题，推动了市场的更有效资源配置和进一步升级。

第一，通过电子商务引入的信息元素，市场透明度得到了显著提升。农产品价格、需求等关键信息能够实时传递，消费者和生产者能够更迅速、更全面地获取市场信息。这一信息的公开透明性降低了市场信息不对称的程度，使市场参与者能够更理性地作出决策。例如，农民能够根据市场需求实时调整生产计划，商家能够更准确地制定定价策略，这种更精准的决策有助于提高整个市场体系的效率。

第二，信息透明度的提升带动了市场资源更加有效的配置。在更透明的市场环境中，供需双方能够更精确地匹配，资源得以更有效地分配。农产品的生产和销售能够更加精细化，减少了因信息不对称而导致的资源浪费。商家能够更准确地了解市场需求，避免了库存积压和过度生产的情况。这种有效的资源配置不仅提高了市场整体效益，也有助于减少环境压力和资源浪费，推动了市场体系的升级。

第三，信息透明度的提升还推动了市场体系的进一步优化。市场参与者能够通过线上平台获取大量的市场数据，通过数据分析工具更深入地了解市场趋势和消费者需求。这使得市场体系更加灵活，更具有适应性。商家可以根据数据分析调整产品结构和定价策略，农民可以更有针对性地选择符合市场需求的农产品。这种优化带动了市场体系的升级，使其更具有竞争力和可持续性。

（二）推动市场体系的完善

1.线上销售的灵活性

电子商务的蓬勃发展为传统市场体系的完善带来了关键的变革，其中线上销售的灵活性成为推动市场进步的重要因素。通过电子商务平台实施的线上销售渠道，市场参与者得以更灵活地调整商品种类、数量和价格，以更加精准地适应市场需求的动态变化。这种灵活性的增强不仅提升了市场的应变能力，也使市场体系更适应快速变化的市场环境，促使整个市场体系的升级和发展。

第一，线上销售渠道为市场参与者提供了更为便捷和灵活的方式来调整商品种类。传统市场在特定时间和地点内提供有限的商品选择，而电子商务的线上销售使得商品种类更为多样丰富，同时可以根据实时市场反馈调整商品搭配，以满足不同消费者群体的需求。这种灵活性使市场参与者能够更快速地捕捉市场趋势，灵活调整商品结构，更好地满足多元化的消费者需求。

第二，线上销售的灵活性还表现在调整商品数量方面。传统市场在面对季节、节假日等变化时，往往需要提前规划和备货，容易导致库存积压或供应不足的问题。而通过电子商务平台，市场参与者可以根据实时销售数据和需求变化，灵活调整商品的生产和库存量。这种实时的调整机制有助于避免过度备货和库存压力，提高了市场的运作效率和资源利用率。

第三，线上销售的灵活性也表现在调整商品价格方面。传统市场往往受制于成本、运营费用等因素，商品价格调整较为受限。而电子商务的线上销售平台可以更加灵活地根据市场供需关系、促销策略等因素，实时调整商品价格。这使得市场参与者能够更迅速地应对市场竞争和价格波动，提高了市场的灵活性和竞争力。

2. 信息整合与管理

随着电子商务的迅猛发展，市场体系逐渐转向注重信息的整合与管理，这一趋势为市场决策提供了更加全面、科学的基础。通过整合线上和线下的销售数据、市场反馈等关键信息，市场管理者得以更全面地了解市场的运作情况，促使市场体系智能化水平提升，市场决策更为科学和精准。

第一，信息整合与管理强调了对不同渠道产生的数据进行整合，从而形成更全局的市场视角。传统市场中，线上和线下销售往往被视为两个相对独立的领域，导致信息孤岛和决策断层。而通过电子商务推动的信息整合，销售数据、市场反馈等信息能够在一个平台上进行汇总和分析，市场管理者能够更全面地了解整个市场的运作情况，避免信息碎片化的局面。这种全面的信息整合为市场决策提供了更为准确的基础，促使市场体系更加智能化。

第二，信息整合与管理的关键在于对大数据的深度挖掘和分析。通过对庞大的销售数据进行深入分析，市场管理者能够发现隐藏在数据背后的规律和趋势。例如，消费者的购买偏好、产品热销时段等信息都可以从大数据中提取出来，为市场策略的调整提供有力支持。这种数据驱动的决策模式使市场决策更为科学和精准，减少了依赖主观判断的不确定性。

第三，信息整合与管理还强调了对市场反馈的及时响应。通过整合消费者的反馈意见、评价和投诉等信息，市场管理者能够更迅速地识别和解决问题，提高市场服务水平。这种及时响应机制不仅有助于改善消费者体验，还能够增强市场的品牌形象和信誉度。

3. 提升市场的反应速度

电子商务的创新为传统市场体系带来了显著的变革，其中最为重要的一是市场体系反应速度的提升。通过电子商务的线上渠道，市场体系得以更为敏捷和灵活地应对市场的变化，快速调整商品的供应链、库存和定价策略。这种反应速度的提升不仅使市场体系更具竞争力，同时也使其更能够应对市场的不确定性，为整个市场体系注入了更强的适应性和韧性。

第一，电子商务通过线上渠道实现的实时交互为市场体系提供了更迅速的信息传递平台。传统市场在信息传递上受制于时间和空间，而电子商务的线上销售平台实现了全天候、全球范围内的实时交易。这使得市场管理者能够更迅速地获取市场反馈、消费者喜好以及商品热销情况等信息。通过实时信息的获取，市场体系能够迅速识别市场趋势和变化，有针对性地进行调整，提高了市场的反应速度。

第二，电子商务的创新使得市场体系更为灵活地调整商品的供应链和库存。传统市场的供应链和库存管理往往较为刚性，容易因为市场变化而导致过剩或短缺。而电子商务的线上销售平台能够根据实时销售数据和市场需求变化，灵活调整商品的供应链和库存水平。这种灵活性使市场体系能够更迅速地适应市场需求的变化，避免了过度库存和缺货的问题，提升了整个市场的运作效率。

第三，电子商务的创新也为市场体系提供了更快速的定价策略调整渠道。传统市场中，定价策略的调整通常需要经过烦琐的程序和时间，而电子商务的线上销售平台能够通过实时数据分析，更加迅速地调整商品价格。这使得市场体系能够更快速地响应市场竞争和价格波动，提高了市场的竞争力。

（三）电子商务与市场升级的互动

1.数据驱动的市场升级

电子商务的创新不仅在推动市场体系的完善方面取得了显著成果，同时也引领市场向数据驱动的方向升级。通过积极收集、深度分析和灵活应用大量市场数据，市场管理者得以更为精准地预测市场趋势、深入理解消费者需求，从而制定更有针对性的市场策略。这种数据驱动的市场升级不仅使市场更具智能化，同时也增强了市场的竞争力和适应性。

第一，数据驱动的市场升级体现在对市场趋势的更准确预测。通过对大量的市场数据进行分析，市场管理者能够识别并把握市场的发展方向，预测消费者的购物趋势和偏好。这种准确的市场趋势预测有助于企业及时调整产品结构、提前做好市场推广计划，从而更好地迎合市场需求，提高市场竞争力。

第二，数据驱动的市场升级强调对消费者需求的深入了解。通过分析大量消费者行为数据、购物偏好等信息，市场管理者能够更全面地了解消费者的需求和期望。这种深入的消费者洞察使市场管理者能够根据实际需求调整产品设计、改进服务质量，提供更贴近消费者心理的商品和服务，从而增强市场的用户黏性和口碑效应。

第三，数据驱动的市场升级还表现在精细化的市场策略制定上。通过对市场数据的深度分析，市场管理者能够制定更为精准、个性化的市场策略。这包括定价策略的优化、促销活动的精细化设计等。这种精细化的市场策略有助于提高市场的营销效果，更好地吸引目标消费者，提升品牌的市场份额。

2.电子商务与传统市场的有机融合

电子商务的蓬勃发展引发了传统市场与电商平台之间的有机融合，形成了一种互补和合作的关系。这种融合为市场体系带来了全新的发展动力，不仅提升了市场的信息透明度和灵活性，同时也促使市场在商品种类、供应链等方面取得更大的进步。

首先，传统市场通过引入电商元素，加强了市场的信息透明度。电子商务平台通过实时传递商品价格、需求等关键信息，使市场参与者能够更及时、更全面地了解市场状况。这种信息透明度的提升有助于市场参与者作出更准确的决策，促进市场体系的升级。传统市场不再受制于有限的地理位置，而是通过电商平台打破了地理限制，商品信息能够跨越更广泛的区域，实现了市场范围的扩大。

其次，电商平台通过与传统市场合作，获取了更多地方性商品和供应商资源。传统市场通常拥有深厚的本地文化和地方特色，这些特色商品对电商平台具有吸引力。通过与传统市场的合作，电商平台得以更好地满足消费者对地方性商品的需求，丰富了商品种类。这种合作模式为传统市场提供了拓展销售渠道的机会，加强了地方商品在全球范围内的曝光度。

这种有机融合还促使市场体系在供应链管理方面取得更大的进步。传统市场的供应链通常相对刚性，而电商平台的灵活性使得供应链能够更快速、更有效地适应市场需求的变化。通过合作，传统市场能够借助电商平台的先进供应链管理技术，提升自身的物流效率和库存管理水平。这不仅提高了市场体系的整体运作效率，也为市场参与者提供了更为便捷的购物体验。

第四节 优化农村电子商务发展路径的策略建议

一、企业和农户的培训与支持

（一）企业培训与支持

在优化农村电子商务发展路径的战略中，给予企业全面的培训与支持至关重要。这包括：

1.电商平台利用培训

为了促进农村企业更好地参与电子商务，提供专业的电商平台利用培训显得至关重要。培训旨在使农村企业更加熟练地利用各类电子商务工具和平台，以便更有效地进行线上运营。在培训中，应该涵盖以下关键方面，以确保企业能够充分发挥电商平台的潜力。

第一，培训内容应包括线上店铺搭建。这一方面涉及选择适当的电商平台，了解不同平台的特点和优劣势，并学会注册和建立线上店铺。另一方面，企业还需学习如何优化店铺布局，使其符合用户使用习惯，提高用户体验，从而增加销售机会。

第二，商品上架是电商平台利用的关键环节。在培训中，农村企业需要学习如何将自己的产品有效地在平台上架，包括制定合适的商品标题、编写吸引人的商品描述，选择合适的商品分类等。这有助于提高产品在平台上的曝光度和吸引力，吸引更多的消费者关注和购买。

第三，订单管理也是电商平台利用培训的重要内容。企业需要了解订单的处理流程，学会如何及时、准确地处理订单，确保顺畅的物流配送和客户服务。同时，培训还应包括如何处理售后服务、退换货等问题，以建立可靠的客户关系，提高客户满意度。

2. 经营管理水平提升

为了更好地适应市场变化和提升整体竞争力，农村企业应该积极参与经营管理培训，将关注点放在财务管理、供应链管理以及市场营销等方面。这一培训不仅是为了提高企业的运营水平，更是为了确保企业在竞争激烈的市场环境中能够稳健发展。

首要的是财务管理方面的培训。企业需要学习如何制定预算、进行成本控制，以及正确理解和运用财务报表。通过这些培训，企业能够更有效地管理财务资源，降低经营风险，确保企业的稳健经营。

其二，供应链管理也是经营管理中不可忽视的一环。培训内容应该包括供应链的规划、物流管理、库存控制等方面的知识。通过学习供应链管理，企业可以优化生产和销售过程，提高运营效率，减少资源浪费，进而降低企业的整体成本。

其三，市场营销方面的培训也是至关重要的。企业需要了解市场趋势、竞争对手的情况，学习如何制定有效的市场营销策略，提高品牌知名度。通过正确的市场营销，企业可以更好地把握市场机会，吸引更多的消费者，实现销售业绩的提升。

3. 创新与营销策略培训

为了提升企业的竞争力，有必要进行创新与营销策略的培训，使企业更好地应对市场变化，实现产品创新和市场营销的协同发展。这样的培训涵盖了市场调研、品牌建设、营销推广等多个方面，旨在帮助企业更好地把握市场需求，提升整体竞争力。

第一，市场调研的培训对企业而言至关重要。通过深入了解目标市场的需求、竞争格局、潜在客户等信息，企业能够更准确地制定创新和营销策略。市场调研的培训内容包括调查方法、数据分析技巧等，以确保企业获得真实有效的市场信息，为产品创新和市场推广提供有力支持。

第二，品牌建设的培训是提升企业形象和市场认知度的重要一环。培训内容包括品牌定位、标识设计、传播渠道选择等方面的知识。通过合理的品牌建设，企业可以在市场中树立良好的形象，提高产品的辨识度，吸引更多的消费者。

第三，营销推广的培训也是不可或缺的一部分。企业需要学习如何制定有效的营销策略，包括线上线下推广活动的规划与执行、广告投放的策略选择等。通过培训，企业能够更有针对性地开展市场推广，提高产品的市场占有率。

（二）农户培训与支持

为农户提供有针对性的培训和支持，使其能够更好地参与到电子商务中：

1. 互联网技术培训

为了推动农户更好地融入电商生态，互联网技术培训显得尤为关键。这样的培训不仅包括基础的互联网技术操作，还着重提高农户的数字化素养，使他们能够更灵活地使用智能手机、电子支付工具等，从而更好地参与和受益于电商平台的发展。

第一，基础的互联网技术培训涵盖了智能手机的使用。通过向农户传授智能手机的基本操作方法，包括拨打电话、发送短信、使用应用程序等，农户能够更轻松地融入数字化社会。此外，对于老年农户或互联网初学者，培训还应包括智能手机的基础设置、常见问题解决等内容，以提高他们对数字设备的独立应用能力。

第二，电子支付工具的使用也是互联网技术培训的关键内容。通过教授农户使用电子支付工具进行线上购物、账单支付等操作，培训能够帮助他们更加便捷地进行交易。这对于农户来说尤为重要，因为电子支付工具不仅提高了支付的效率，同时也减少了现金交易的安全风险。

互联网技术培训的目的在于提高农户的数字化素养,让他们更好地利用互联网工具参与电商平台的活动。培训内容应该根据农户的实际情况进行差异化设置,注重实际应用,使农户能够在日常生活和农业经营中更灵活、更高效地运用互联网技术。通过这样的培训,农户将更好地适应数字化时代的发展,实现自身经济水平的提升。

2. 产品质量提升培训

为了满足市场需求,提高农产品的竞争力,农户需要接受产品质量提升的培训。这样的培训不仅关注农产品生产环节,还覆盖了加工和包装等环节,旨在全面提升农产品的质量,使其符合市场标准和消费者的期望。

其一,针对农产品的生产环节,培训内容可以包括合理施用农药、科学施肥、良好的生长管理等方面。通过培训,农户可以学到更科学、更环保的农业生产技术,从而提高农产品的质量和安全性。培训还可以涵盖新型农业技术的应用,例如精准农业技术,以提高生产效率和产品品质。

其二,加工环节的培训将有助于提高农产品的附加值。培训内容可以包括农产品的初加工和深加工技术,以及加工过程中的卫生和质量控制。通过学习加工技术,农户能够将原始农产品加工成更有市场竞争力的产品,满足不同消费者的需求。

其三,包装环节的培训强调良好的包装对产品质量的重要性。农户可以学到包装材料的选择、包装方式的设计等知识,以确保产品在运输和陈列过程中能够保持良好的品质。良好的包装不仅有助于产品的保鲜,还能够提升产品的美观度,增加产品的销售吸引力。

3. 营销与销售技能培训

为了帮助农户更好地运用电商平台进行产品营销和销售,有必要进行专门的营销与销售技能培训。这样的培训不仅涵盖了基本的电商平台操作,还强调了在电商平台上提高产品竞争力所需的营销和销售技能。

其一,在培训中应侧重于教授农户如何拍摄吸引人的商品图片。良好的商品图片是吸引消费者的重要因素之一。培训内容可以包括摄影技巧、光线利用、背景搭配等方面的知识,帮助农户拍摄出质感好、形象美观的商品图片,提高商品在电商平台上的曝光率和吸引力。

其二,培训还应注重如何编写优秀的商品描述。商品描述是消费者了解产品特性和优势的关键信息之一。培训可以包括文字表达技巧、关键信息的突出等内容，以帮助农户编写具有吸引力的商品描述。这有助于提高产品的信息传递效果，让消费者更全面地了解并信任农产品。

其三，培训也可以涉及电商平台的一些推广技巧，如促销活动的策划、店铺广告的投放等。学习了这些技巧，农户能够更好地利用电商平台的推广功能，提高产品的曝光度，吸引更多潜在客户。

二、农村电子商务平台的建设和升级

（一）技术水平提升

为了更好地支持农村电子商务的发展，电商平台的建设和升级需要注重技术水平的提升：

1. 优化平台架构

为了确保农村电子商务平台能够处理大规模的交易和用户流量，有必要对平台的架构进行优化。这项工作旨在改进平台的稳定性和性能，以提升用户体验并应对不断增长的业务需求。

其一，平台的架构改进应关注系统的稳定性。通过引入高可用性架构和冗余机制，平台可以更好地抵御服务器故障或网络问题，确保服务的持续性和可靠性。此外，采用分布式架构可以降低单点故障的风险，提高整个系统的稳定性。

其二，性能优化是关键的一环。通过对数据库、服务器和网络等关键组件的优化，可以提高平台的响应速度和并发处理能力。采用缓存技术、负载均衡策略等手段，可以有效减轻系统的压力，确保平台在高并发情况下仍能保持高效稳定的运行状态。

其三，引入先进的云计算技术也是架构改进的一部分。云计算具有弹性伸缩的特性，可以根据实际需求动态分配资源，以适应业务量的变化。这有助于降低平台的运营成本，并使其更具灵活性和可扩展性。

架构优化还应该考虑安全性的提升。通过采用先进的安全技术和加密手段，确保用户数据的保密性和完整性，防范潜在的网络攻击和数据泄露风险。建立完善的监控和报警系统，及时发现并应对潜在的安全威胁。

2. 引入先进技术

为了提高农村电子商务平台的智能化水平，引入先进技术是至关重要的。整合人工智能（AI）、大数据分析等先进技术，不仅能够加强平台的智能化，还能够为用户提供更个性化、精准的推荐服务，从而提升用户体验和平台的市场竞争力。

其一，引入人工智能技术可以加强对用户行为的分析和理解。通过机器学习算法，平台可以获取用户的偏好、购物历史、搜索记录等信息，从而生成个性化的推荐内容。这种个性化推荐不仅提高了用户发现感兴趣商品的概率，还能够为用户提供更多元化的购物体验。

其二，大数据分析技术的引入可以使平台更好地理解市场趋势和用户需求。通过分析大规模的数据，平台可以及时捕捉到消费者的偏好变化、热门商品趋势等信息，从而更灵活地调整商品推荐策略和促销活动，提高平台的市场响应速度。

除此之外，先进技术还可以应用于用户服务的智能化。例如，通过自然语言处理技术，平台可以实现智能客服，提供更高效的在线服务。同时，图像识别技术可以用于商品图片的识别和标注，提高商品信息的质量和准确性。

整合这些先进技术需要建立强大的技术团队，确保平台能够顺利实施并不断优化这些技术应用。同时，注重用户隐私和数据安全是不可忽视的方面，平台应该采取有效的措施确保用户数据的隐私和安全。

（二）用户体验改进

为提升用户体验，电商平台的建设和升级需关注以下方面：

1. 界面设计优化

界面设计的优化对于农村电子商务平台的成功至关重要。通过用户反馈和数据分析，不断改进平台的界面设计，可以显著提高用户满意度，增加用户黏性，从而促进平台的可持续发展。

其一，优化界面设计要考虑用户体验，确保用户能够轻松、直观地使用平台。通过分析用户的行为路径和操作习惯，可以调整界面元素的布局和交互方式，用户更容易找到所需信息，完成购物流程。例如，采用清晰的导航菜单、直观的图标和简洁的文字，以提高用户对平台功能的理解和使用效率。

其二，借助数据分析，可以更好地了解用户的喜好和偏好，进而进行个性化界面展示。通过推荐系统，根据用户的历史行为和购买记录，为其提供个性化的商品推荐，提高购物体验的个性化程度。这种个性化不仅增加用户在平台停留的时间，还有助于提高用户对平台的信任感和忠诚度。

其三，对于农村电子商务平台而言，界面设计的优化也需要考虑网络状况和设备的适配性。确保界面在不同网络条件下加载速度快，同时兼容各种终端设备，包括智能手机、平板电脑和其他电脑设备，以满足不同用户的需求。

其四，界面设计的优化也应关注可访问性和无障碍性，确保不同年龄和能力的用户都能方便地使用平台。采用清晰的字体和色彩搭配，提供语音导航等辅助功能，以提高平台的包容性。

2. 移动端适配

移动端适配是农村电子商务平台优化的关键方面之一。在农村地区，用户普遍使用各种终端设备，包括智能手机和平板电脑，因此，确保平台在移动端上能够流畅运行对于提升用户体验至关重要。

其一，为了适应不同终端的屏幕尺寸和分辨率，农村电子商务平台应进行响应式设计。采用弹性布局和媒体查询等技术，确保平台界面在不同尺寸的屏幕上都能够自动调整布局，保持良好的可视性和易用性。这有助于提供一致的用户体验，无论用户使用何种设备访问平台都能保证使用体验良好。

其二，优化移动端用户体验需要注重页面加载速度和性能优化。农村地区的网络条件可能相对较差，因此，平台应采取措施减少页面加载时间，确保用户能够快速访问所需信息。这包括压缩图片、减少不必要的网络请求以及采用浏览器缓存等技术手段。

其三，移动端适配还需要关注用户交互的便捷性。设计易用的触摸屏操作、合理的按钮大小和间距，以及支持手势操作，提高用户在移动端上的操作舒适度。此外，应充分考虑用户的观看习惯，确保页面内容不会因为屏幕大小不同而导致信息丢失或混乱。

在适配移动端时，平台还应考虑不同操作系统和浏览器的兼容性。测试确保平台在主流操作系统（如 iOS、Android）和主流浏览器（如 Safari、Chrome）上都能够正常运行，提供一致的用户体验。

（三）数据安全保障

为了维护用户信任，电商平台需要加强数据安全方面的建设：

1. 强化数据加密

强化数据加密是当今数字化社会中维护用户个人信息和交易数据安全的至关重要的一环。农村电子商务平台在发展过程中，必须采用先进的加密技术，以全面保障用户的隐私和数据安全，从而有效防范潜在的数据泄露风险。

在信息传输方面，农村电子商务平台应当采用高度安全的传输协议，例如 SSL/TLS 等。这些协议能够加密用户与平台之间的数据传输，确保在网络传输过程中，用户的个人信息和交易数据得到加密保护。这种加密措施有效地防范了网络窃听、中间人攻击等潜在风险，为用户提供了更加安全的数据传输通道。

此外，农村电子商务平台还需要对用户数据进行端到端的加密。通过使用强大的加密算法，保护用户在平台上存储的个人信息，即使是平台自身的运维人员也无法直接访问用户的明文数据。这种措施不仅有效保障了用户的隐私权，也在一定程度上降低了内部滥用数据权限的风险。

对于交易数据，农村电子商务平台应当采用综合的加密方案。通过对支付信息、订单信息等关键数据进行对称密钥和非对称密钥相结合的加密处理，确保交易过程中的敏感信息得到有效保护。合理的密钥管理机制也是确保数据加密有效性的重要环节，平台需要妥善管理和更新密钥，以提高系统的整体安全性。

在实施数据加密的同时，平台应当建立健全安全审计机制，记录用户数据的访问、修改和删除操作，以及平台整体的安全事件。这有助于在发生安全事件时及时发现问题、追踪行为，并采取相应的应对措施，提高平台的安全防护水平。

2. 完善用户隐私保护

为了完善用户隐私保护，农村电子商务平台需要建立健全用户隐私保护机制，以确保用户的个人信息得到有效的管理和保护。以下是一系列措施，旨在加强对用户隐私的保护：

第一，平台应明确用户数据的使用规则。通过清晰、透明的隐私政策，向用户说明平台收集、使用、存储和共享其个人信息的具体方式和目的。用户在注册和使用平台时应该被明确告知，其数据将会被如何处理，以便用户能够作出知情的决策。

第二，平台需要加强对平台内部及合作伙伴的数据管理监督。建立严格的数据访问权限机制，确保只有经过授权的人员才能访问用户的个人信息。同时，对于合作伙伴，平台需要明确数据共享的范围和目的，并监督其遵守隐私协议的执行情况。

第三，加强对用户数据的加密和匿名化处理。采用先进的加密技术，保护用户个人信息在存储和传输过程中的安全。在某些情况下，可以考虑采用匿名化技术，以最大程度地减少用户个人身份被泄露的风险。

第四，平台需要建立健全用户权限管理系统，确保用户对其个人信息的访问和修改行为有一定的控制权。这包括设置访问权限、修改权限和删除权限，以满足用户对个人信息自主管理的需求。

最后，为了提高用户对平台隐私保护措施的信任度，平台可以邀请第三方认证机构对其隐私保护机制进行评估和认证。这样的认证可以为用户提供额外的信心，同时促使平台持续改进隐私保护措施。

三、农村电子商务与农村物流协同发展

进入互联网时代，电子商务利用网络技术实现商品的生产销售，开拓了新市场，创造了新商机，是乡村振兴发展的重要支撑力。现代物流利用先进的组织管理方式实现商品从生产地到消费地的供应，是一体化的综合性科学服务。农村电子商务要高度重视农村物流的协同发展，才能实现新农村经济的快速发展。

（一）农村电子商务与农村物流协同发展的可能性

在我国互联网用户总量屡创新高的背景下，电子商务实现了更为快速的普及发展，现代物流和电子商务相互依存、共同发展，为促进新农村经济建设提供了有力支撑。农村电子商务与农村物流协同发展的必要性表现为：

1. 基于信息化电子商务平台建设的需要

信息化电子商务平台的建设对现代物流体系的运作模式产生了深远的影响，引领了电子商务和传统商务运作方式的重大变革。以信息为中心的运作模式成为现代物流基于电子商务的核心，为物流业务的高效运作提供了强大支持。电子商务信息的引导作用使得现代物流能够更加智能、便捷、高效地展开。

电子商务信息在现代物流中扮演着指导者的角色，成为运行方向和方式的关键因素。通过信息化电子商务平台，物流企业能够实现对整个物流过程的实时控制，从而更加精准地进行资源调配和运输安排。这种实时控制的优势不仅提高了物流的合理性，也使物流过程更具灵活性和适应性，能够更好地应对市场的波动和客户需求的变化。

电子商务平台便捷高效的网络信息传递是推动物流合理化的关键机制。信息的迅速传递和共享使各个节点之间能够紧密协作，形成一个高效的物流网络。从订单生成到配送，再到最终交付，整个物流过程高度协同，减少了信息传递的时间延迟和不确定性，提高了整体运作效率。这种高效的网络信息传递方式为物流业务的快速发展提供了坚实基础。

电子商务的高效率成为现代物流发展的主要目标。通过电子商务平台，物流企业能够更加精确地掌握市场信息，灵活调整物流策略，优化物流运作流程。这种高效率不仅表现在运输、仓储等方面的操作，也延伸至物流信息的管理和

分析。电子商务平台提供的大数据分析工具使得物流企业能够更好地理解市场趋势，作出科学合理的决策，为物流业务的长期发展提供战略指导。

2. 基于电子商务的分散化和多样化需求

现代电子商务的分散化和多样化需求对配套的现代物流提出了更为复杂和高级的要求。为满足这些需求，现代物流不仅需要提供更周到完善的优质服务，还要在售后服务和增值服务方面发挥更大的作用。这种紧密的协同关系要求物流企业适应电子商务的迅猛发展，不断优化和完善自身的业务和服务能力，以实现双方的共同发展和进步。

在电子商务中，消费者的需求表现出更为分散化和多样化的趋势。不同地区、不同群体的消费者对商品的需求存在差异，而电子商务通过线上平台让消费者的选择面更加广阔。这使得物流的配送任务更为烦琐，需要更灵活、高效的供应链网络来满足不同需求的个性化配送。现代物流需要在运输、仓储、配送等方面不断创新，提供更多样的物流解决方案，以满足电子商务的多样化需求。

电子商务的快速发展催生了对物流服务质量的更高要求，尤其是在售后服务方面。由于消费者对服务的期望值日益增加，现代物流需要在配送过程中提供更为细致周到的服务，确保商品在配送过程中的安全、准时，同时为消费者提供更为便捷的售后服务。这需要物流企业投入更多的人力和技术资源，提升售后服务的质量和效率，以满足电子商务在售后服务方面的更多需求。

与此同时，现代物流也需要提供更多的增值服务内容，以适应电子商务的发展。电子商务平台不仅是商品的交易场所，更成为服务的提供者。物流企业需要与电子商务平台合作，提供更为多元化的增值服务，如订单跟踪、货物定制、特殊包装等，以满足消费者个性化的需求。这种多样化的增值服务不仅能够提升企业的竞争力，也为电子商务提供了更为完整和满足需求的服务体验。

3. 基于现代物流集成化、系列化服务发展需要

在电子商务环境下，现代物流企业正积极构建适应互联网信息网络平台的优势物流体系，以满足不断增长的市场需求。通过实现集成化、系列化的服务，物流企业能够有效提高配送和售后服务的质量，满足客户的个性化需求，推动整个电子商务生态系统的协同发展。特别是在农村电子商务和农村物流的合作中，要实现线上和线下的集成合作，以适应农村电子商务的发展需要，为商品流通提供更高效、便捷的服务。

在电子商务环境中，现代物流企业通过构建物流跟踪、客户响应和信息传

递系统，实现了对整个物流过程的全面监控。物流跟踪系统能够实时追踪货物的位置和状态，确保货物能够准时送达。客户响应系统通过及时响应客户的咨询和投诉，提高了客户服务体验。信息传递系统则通过快速、准确地传递信息，实现了整个物流过程的信息化管理。这种集成化的系统极大地提高了物流企业的运营效率和服务水平，有力地支撑了电子商务的快速发展。

农村电子商务和农村物流的合作发展需要在线上和线下实现紧密地集成合作。线上的集成合作主要体现在物流企业与电商平台的信息共享和协同配合上，通过共享订单信息、库存信息等，提高整体配送效率。而线下的集成合作则要求物流企业适应农村电子商务发展需要，实现商品物流跟踪、响应客户需求、信息传递处理、优化配送售后服务等环节的全面集成。这意味着物流企业需要借助现代信息技术，实现各个环节的高效协同，提供更为全面和差异化的服务。

农村物流企业在适应农村电子商务发展需要的同时，还需实现服务的集成化。物流服务的集成化包括物流跟踪、信息传递、售后服务等多个环节的协同操作。物流跟踪系统可以通过 GPS 等技术追踪货物位置，信息传递系统能够通过短信、App 等方式实现及时的信息传递，售后服务则要求实现快速响应和问题解决。通过集成化服务，农村物流企业能够更好地适应农村电子商务的多样化需求，提升整体服务水平。

最终，良好的农村电子商务和农村物流的集成合作可以实现共创双赢。通过紧密合作，电商平台能够提升商品的流通效率，物流企业也能够获取更多的业务机会。这种协同发展模式不仅有助于提升农村电子商务和物流的整体竞争力，也为相关领域的学术研究提供了实证案例和深入探讨的方向。

（二）农村电子商务与农村物流协同发展的关系

1. 农村物流为农村电子商务发展提供保障

农村物流在农村电子商务发展中扮演着关键的角色，为农村地区提供了必要的保障。农村地区的经济相对滞后、自然村分散、人员集中度不高、文化水平较低、网络普及率有待提高，这些因素制约了电子商务在农村地区的迅速发展。尽管近年来电子商务在农村地区逐渐被接纳，但市场拓展仍受到地域环境和思维模式等多方面因素的制约，发展速度相对较慢。

随着城市电商企业竞争的激烈化，农村市场成为电商重点开发的区域。农村居民在智能手机等移动终端的普及下，逐渐接受电子商务这种新的经济形式。现代农村居民思想已经跟上了网络时代的发展，但农村物流配送体系却仍存在一些难以适应新时代发展的短板。农村电子商务的发展必须在农村物流的持续发展支持下才能实现。

尽管目前农村地区的物流体系存在一些瓶颈和不足，但通过重视优化改进物流体系和物流服务，加强农村物流设施建设和体系运营，可以促进农村物流和农村电子商务同步发展，甚至实现超前发展。农村物流作为电子商务的配套服务，需要更加灵活、高效，以适应农村地区的特殊环境和需求。

农村物流的优化和改进需要从多个方面入手。首先，建设健全农村物流配送网络，提高物流的覆盖面和效率，确保商品能够及时准确地送达农村居民手中。其次，加强物流信息系统建设，实现物流跟踪、订单管理等功能，提升服务质量和客户体验。同时，培养更多具备专业物流知识的从业人员，提高物流从业人员的素质，提升整个物流行业的服务水平。

农村电子商务和农村物流的同步发展将带动农村地区的经济活力，为新农村建设作出更大的贡献。通过加强协同发展，农村物流将更好地支持农村电子商务的拓展，实现双方的共同发展和进步。这一发展模式不仅对农村经济产生积极影响，也为相关领域提供了研究和实践的价值。

2. 农村电子商务是农村物流发展的强劲动力

农村电子商务的崛起成为农村物流发展的强劲动力，尤其是自新世纪以来，国内物流行业在城市物流方面实现了快速发展。在政府引导、市场规范和行业推进下，越来越多的企业涉足物流行业并取得良好的发展。然而，在市场逐利的行为导向下，农村物流要实现良好、持续的发展，必然需要借助农村电子商务的繁荣发展。

农村电子商务作为农村新经济建设的重要组成部分，对农村物流产业的发展起到了关键作用。农村电子商务的蓬勃发展为农村物流企业提供了坚实的业务基础。通过加快农村新经济建设的步伐，农村电子商务业务的增加成为农村物流企业业务量增长的重要保障。大力推进农村电子商务的发展，不仅可以降低物流运营成本，提高服务质量，还能够促进物流行业的创新和升级。

农村电子商务和农村物流之间存在相辅相成、相互促进的依存关系。农村电子商务通过线上平台为农村居民提供了更便捷的购物途径，而农村物流则负责将这些商品从线上送达线下，实现了商品的流通。两者之间的密切配合推动了整个农村经济的发展。然而，我们也要注意到两者之间可能存在相互影响、彼此拖累的情况。比如，农村电子商务的订单量激增可能对物流系统造成压力，而物流环节的延误也可能影响电商平台的用户体验。

在实现共建双赢的过程中，需要同时促进农村电子商务和农村物流的良性健康发展。为此，可以采取一系列措施，如优化物流网络结构、提高物流服务水平、加强电子商务与物流的信息共享等。只有通过双方的协同努力，才能够迈入农村地区经济建设的新阶段，取得共同的发展和进步。

（三）农村电子商务和农村物流的发展特点

1. 农村电子商务的发展特点

我国农村地区的经济发展呈现出明显的区域效应，其中东部沿海地区由于经济相对发达，电子商务的发展相对较好。然而，对于中西部经济不发达地区而言，由于缺乏工业和轻工业等支持，农业成为当地的主要产业。这一差异使得农村电子商务在不同地区面临着各种困难，如市场信息不对称、流通渠道有限等，这些因素影响了地区电子商务的发展进程。

农村电子商务在新世纪以来呈现出了快速发展的趋势，尤其是在日用消费品领域。然而，受传统消费习惯和物流体系运营效能等因素的制约，相当一部分地区的电子商务渠道与传统的超市、商场和商店相比存在较大的差距。这反映了农村电子商务在拓展市场和提供多样化商品方面仍需面对一系列挑战。

在农村地区，年轻人普遍选择外出打工，导致农村空心化问题。留守农村的主要是老年人和小孩，虽然年轻人利用电子商务为农村家人采购大量物资，但由于农村人发展电子商务的意识缺乏，消费能力相对较低，农村电子商务发展面临挑战。未来，农村电子商务在这一领域仍有广阔的发展空间。

农村电子商务的发展特点在于其在不同地区之间存在显著差异。消除这些差异，需要通过制定有针对性的政策，推动农村电子商务在整个农村地区的均衡发展。加强对农村居民的电商培训，提高其对电子商务的认知水平，将有助于激发潜在市场需求。同时，优化农村物流体系，提升服务水平，有助于缩小电商渠道与传统商业的差距，优化留守农村居民的电商消费体验，推动农村电子商务的可持续发展。

2. 农村物流的发展特点

农村物流在发展过程中受到了我国经济发展不均衡的影响，表现出一系列特定的发展特点。尤其是在中西部地区，农村物流的基础设施，如物流线路和节点等相对较少。尽管农村公路已经实现了村村通，但由于公路等级较低，路况不佳，尤其是在偏远地区，公路很容易因受到自然环境的影响而出现问题。

因此，农村物流主要依赖于在县城建立的专业物流节点，而村级物流节点数量相对较少，导致了农村物流体系建设相对滞后。

在农村物流市场的拓展中，物流公司对于经济不发达地区的物流末端建设往往缺乏足够的重视。这表现在物流公司未能在农村居民区建立足够数量的物流节点，导致农村居民在办理收寄业务时往往只能前往镇上。由于物流周转次数增多、派送时间较长，许多地区甚至需要居民亲自前往取件，这难以体现现代物流的便捷性。这种服务质量不高的情况直接影响了农村居民对于物流服务的满意度，也影响了他们在农村电子商务等领域的消费意愿。

农村物流发展中面临的问题不仅仅是基础设施不足，还包括对经济不发达地区物流末端建设不足，这导致了农村物流的服务水平相对较低。要解决这一问题，需要加强对农村物流体系的整体规划和建设，提升农村物流网络的覆盖率和服务质量。此外，物流公司在农村市场的拓展中，应更加注重对农村居民需求的了解，通过建立更多的村级物流节点，扩大物流末端服务的覆盖范围，以满足农村居民对便捷、高效物流服务的需求。

（四）促进农村电子商务和农村物流同步发展的策略

1. 加大政策引导和扶持

为适应农村地区广泛、经济和交通发展相对滞后的实际情况，各级政府应制定更为优化的政策，以促进农村电子商务和农村物流的发展。这些政策的出台需要紧密结合当地实际情况，以改善农村电子商务和物流发展的环境，从而引导快递企业和第三方物流企业在农村地区下沉式发展，为提高农村物流供给能力、降低物流成本、提升物流服务水平作出更为有效的努力。

第一，政府可以通过税收政策、财政补贴等手段，给予农村电商企业和物流企业更多的扶持。这包括在税收方面给予一定的减免，鼓励企业在农村地区设立业务点和物流中心。同时，政府还可以设立专项基金，用于支持农村电商和物流发展，为企业提供财政上的支持。

第二，政府可以通过制定土地政策，为农村电商和物流企业提供土地使用权，降低其在农村地区的建设成本。这有助于吸引更多企业进入农村市场，推动农村电商和物流基础设施的建设，扩大农村物流的覆盖范围和提升效率。

第三，政府还可以通过信息化政策，推动农村地区的数字化转型。在农村电商方面，政府可以鼓励建设农村电商服务站点，提供电商培训和技术支持，帮助农村居民更好地利用电商平台。在农村物流方面，政府可以推动建设物流信息平台，提高物流信息的透明度，减少信息不对称，从而提升整个农村物流系统的效率。

第四，政府还应该加大对农村电商和物流企业的监管力度，保障市场秩序的良好运行。这包括建立健全监管制度，对不法行为进行打击，保护农村居民和企业的权益。

2. 加强基础设施建设

为实现农村电子商务和物流的协同发展，必须在基础设施建设上投入更多的资金和人力，以适应乡镇经济建设和电子商务发展的需要。在这一过程中，重要的措施之一是规划和建设乡镇、村庄的物流站点，以打通物流和农村居民之间的最后一公里，将物流站点作为电子商务销售的对接点，从而促进电子商务和物流在农村地区实现真正的协同发展。

其一，基础设施建设的重要性不可忽视。农村地区的电子商务和物流需要依托良好的基础设施，包括道路、交通、通信等方面的支持。因此，政府应加大对农村基础设施建设的投资，确保乡镇、村庄之间连接通畅，为物流站点的规划和建设提供必要的支持。

其二，要实现电子商务和物流的协同发展，需要合理规划乡镇、村庄的物流站点。物流站点应当布局合理，覆盖农村地区的关键节点，以确保物流网络的完整性和高效性。同时，要考虑物流站点的设施和设备，确保其能够满足电子商务订单的处理和配送需求。

在规划中，要特别关注物流站点与农村居民的距离，将物流站点设置在离农村居民较近的地方，降低最后一公里的物流成本。这有助于提高农村电子商务的便捷性和可接受性，促进电商与物流更为紧密地协同发展。

其三，物流站点作为电子商务销售的对接点，需要具备一定的信息技术支持，以实现订单处理、库存管理、配送等方面的自动化和信息化。这样可以提高物流效率，减少误差，更好地满足电商发展的需求。

3. 加快网络体系建设

为跟上新农村建设的步伐，特色农产品销售和客运站被认为是农村电商物流的重要节点，因此有必要在物理和信息两个层面上加快网络体系的建设，以推进网络的优化和完善。在实体网络方面，需要丰富现有三级配送服务点的数量和密度，同时加快村庄物流末梢基础建设，以形成健全的实体网络。在信息网络建设方面，应基于政府、企业互联等措施，更好地吸引需求和供给方进入农村电子商务领域。通过解决农村物流信息共享问题，可以打通农村电子商务和物流的协同发展通道。

首先，实体网络的优化是农村电子商务和物流协同发展的基础。要加快特色农产品销售点和客运站的建设，提高实体网络的覆盖范围。增加三级配送服务点的数量和密度，使物流服务更加贴近农村居民，降低物流成本，提高物流效率。

其次，加快村庄物流末梢基础建设，包括道路、仓储设施等，以确保物流能够顺畅到达农村各地。这需要政府加大对农村物流基础设施的投入，提高农村物流末端设施的水平，为电子商务的配送提供更好的支持。

在信息网络建设方面，政府和企业应当采取措施，促进政府部门和企业之间的互联，形成共享信息的平台。这有助于实现农村电子商务和物流信息的共享，提高信息的流通效率，减少信息不对称对农村电商和物流的影响。

再次，打通农村电子商务和物流的协同发展通道，需要政府制定政策，鼓励企业参与农村电商和物流的合作。政府可以通过出台奖励政策、降低物流企业进入门槛等方式，引导需求和供给方进入农村电子商务领域，形成更加良性的发展格局。

四、农村电商直播助力乡村振兴策略

近年来，我国一直在积极支持农村电子商务的蓬勃发展，为许多农村带来了一系列显著的效果，尤其是通过电商直播助力乡村振兴取得了令人瞩目的成就。电商直播作为一种新型营销手段，不仅能够有效增加农民的收入，促进农民创业就业，还在推动农业产业的转型升级、拉动地方经济发展方面发挥了积极作用。此外，它还具备促进产业文化传播、助力乡村产业发展的潜力。然而，在农村电商直播的发展过程中，一些问题也逐渐浮现。其中，主播专业化技能不足，直播人才匮乏成为发展的制约因素之一；农产品质量不高、缺乏特色，直接影响了直播销售的效果；同时，基础设施建设不够完善也制约了农村电商直播的全面发展。

（一）农村电商直播发展现状

中华人民共和国农业农村部的统计数据显示，党中央把解决"三农"问题作为工作重点，全力推进乡村振兴战略，努力实现农业农村现代化，取得了显著的成效，为实现中华民族伟大复兴的中国梦提供了坚实的支持。2022年，我国粮食生产实现了"十九连丰"，连续八年粮食总产量稳定在6500亿公斤以上，农民人均可支配收入突破 2 万元。《2022 全国县域数字农业农村电子商务发展报告》显示，2021 年，全国县域网络零售额达到 43828.3 亿元，同比增长 15.4%。其中，县域农产品网络零售额为 3895.5 亿元，按可比口径同比增长 7.2%。县域数字农业农村电商在促进农业提质增效、推动农产品供应链优化提升、加速乡村产业转型升级、带动新农人就业创业、拉动县域农村消费等方面发挥了积极作用。

近年来，乡村新业态和新模式不断涌现，但电商在我国经济发展中始终占据"领头羊"的地位。2022 年，我国农村网络零售额约为 2.17 万亿元。根据 2022 年试点数字乡村发展水平的评估结果，智能农业建设迅速发展，农业生产信息化率超过 25.0%。农村地区的数字管理水平不断提高，六类涉农政务服务事项综合在线办事率达到 68.2%。积极推动"数字惠民"工程，运用信息技术服务的乡镇数量为 48.3 万个，行政村覆盖率达到 86.0%。

与此同时，淘宝、京东、拼多多等主流电商平台以及快手、抖音等新视频社交平台也加大了对农村地区的投资力度，深入挖掘农村市场，为农村经济发展作出贡献。随着"互联网＋营销"模式的普及，越来越多的农民认识到其巨大价值，纷纷参与其中，促进新农人群体的形成，将"直播＋农业＝新农人"这一概念与乡村现代化发展相结合，使其成为乡村现代化发展中的新标签。

（二）农村电商直播助力乡村振兴的成果

1. 增加农民收入，助农创业就业

随着互联网的广泛普及和乡村振兴战略的全面实施，电商直播在农村地区迅速兴起，为助力乡村振兴提供了强有力的支持。通过电商直播，原本受到地域限制而难以销售的农产品得以在网络平台上进行推广和销售，直接促进了农民收入的增加。这种实时互动、全景展现的新模式显著地增加了农村地区的就业机会。许多农民从对电商的初步认知到逐渐掌握电商知识，再到利用电商直播销售农产品，这一过程不仅带动了家乡的经济水平提升，促使农民思想观念进步，还吸引了大量年轻人返乡就业，甚至有一些有志向的人选择在家乡创业。商务部数据显示，截至 2023 年，全国农村和农产品网络零售额分别达 2.49 万亿元和 0.59 万亿元，增速均快于网零总体。这一成果显示，直播电商在推动农村经济发展、增加农民收入方面具有重要作用。

2. 推动农业产业转型现代化，拉动地方经济

农村电商直播的蓬勃发展为当前农村经济的转型提出了新的需求，为乡村

振兴注入了新的活力。电商直播在广泛传播农产品相关信息方面发挥了至关重要的作用，促使农产品行业内信息更加畅通和实现共享，形成了庞大而高效的产品信息网络。这一现象不仅使人们能够更为迅速、全面地获取所需信息，而且在信息的发布和接收方面更为有效。换言之，电商直播不仅引导用户由对数量的关注转向对质量的关注，同时显著提升了农业生产的市场化水平，推动了传统农业产业的现代化转型。在一些地区，电商直播也成为助推实体经济高质量发展的利器。

其次，电商直播提升了农产品的交易率和市场占有率。随着直播人数和频次的增加，新型销售方式逐渐替代了传统的产品销售渠道和广告宣传手段，显著拓宽了农产品的销售渠道，为农业产业的进一步规模化发展奠定了基础。这种替代效应不仅促使了农产品交易的快速完成，而且在市场上赢得了更大的份额，从而为农业产业链的整体提升创造了有利条件。

3.促进产业文化传播，助力乡村产业发展

近年来，国家对乡村振兴的大力扶持，加上5G技术的广泛应用，使得电商规模不断扩大，各大官方认证的网络店铺广泛销售了一些农产品和土特产品。同时，抖音、快手等短视频平台的盛行推动农民们纷纷开启直播，展示农产品生产过程和原产地的劳作场景，真实展现了农村生活风貌，传播乡村文化。。

长期生活在喧嚣城市中的人们受到原生态乡村风貌和质朴田园生活的吸引，因此对乡村旅游的兴趣明显增加。这一趋势不仅提升了农村相关产业新业态的影响力和知名度，还推动了休闲农业、乡村旅游业、非遗产业等产业经济的蓬勃发展。由此可见，通过电商平台和短视频直播，农民们得以传播本地的文化和生活方式，进而引发了城市居民对乡村的浓厚兴趣，从而促进了乡村产业的全面发展。

（三）农村电商直播助力乡村振兴中存在的问题

1.农村电商直播人才欠缺，主播专业技能不足

农村电商直播领域存在人才短缺和主播专业技能不足的问题。随着大众自媒体的广泛普及和农业现代化的迅速发展，农村直播专业人才的需求日益增加。然而，由于农村地区的生活水平相对较低，工作条件不佳，许多电商人才在农村从事直播工作的意愿较低，人才引进面临困难，进而影响了农村电商直播的发展。此外，农村留守人员主要以老人和儿童为主，老龄化情况严重，而留下的青壮年文化素质相对较低，对新事物的接受能力较弱。尽管近年来农村地区

对农民主播进行了系统培训，但培训形式相对单一，主要采用传统的培训方式，缺乏足够的创新力度，培训效果有限。

另一方面，大多数农民主播对电子商务的操作和运营了解不足，缺乏足够的语言表达、沟通和应变能力。直播内容和形式上也缺乏创新，难以吸引和留住消费者，可能导致客户的流失。此外，由于主播对直播营销制度的了解不足，直播过程中存在不规范的情况，进一步影响了产品的有效推广。因此，为了解决这一问题，有必要引进更多专业的直播人才，提升主播的技能水平。这可以通过提升培训的多样性和创新性，以及注重电商知识的传授来实现。这不仅可以提高农村电商直播的专业水平，也有助于满足市场对高素质农村直播人才的需求，推动该领域的更好发展。

2. 农产品质量不高，缺乏品牌特色

农产品质量不高，缺乏品牌特色是当前农村电商直播面临的重要问题。农产品作为农民直播销售的主要产品，随着直播的普及，农户通过此方式获得了效益，提高了经济水平。然而，随之而来的问题是许多农民主播为了增加产品销量夸大农产品质量。这直接导致了许多消费者反映实际收到的农产品品质与直播间展示的不符，产生了线上线下不一致的情况。这不仅影响了消费者对农产品的信任度，还可能导致被投诉并关停直播间，从而影响了农产品的售卖，阻碍了农村经济的增长。

此外，许多农户虽然意识到电商直播可以帮助他们售卖农产品，提升经济效益，但缺乏对产品的规划和品牌设计的能力。因此，他们在介绍农产品时话术单一、枯燥，形式缺乏创新，出现了农产品直播同质化现象。这使得农产品缺乏自身的特色，难以吸引和留住固定客户。同时，农产品本身具有较强的季节性，销售时间和区域相对较为固定，难以在短时间内形成自身的品牌特色。这不利于农产品销售的可持续发展和后续经营，成为制约农村电商直播发展的重要因素。

3. 农村电商直播基础设施建设不完善

农村电商直播的基础设施建设尚不完善，这与电商直播的质量密切相关。目前，农村电商直播主要依托淘宝、抖音、快手等平台运营，然而这些成熟的电商平台吸引了众多商家和知名品牌，导致农产品的销售面临竞争激烈的局面。农产品的销售路径并不顺畅，许多专注农产品的电商平台在引流和经营方面面临较大困难。其次，由于大多数农产品具有腐烂速度较快、生化反应不可控等特性，难以在季节性销售中保持新鲜度和质量。我国农村地区的物流系统发展较为缓慢，一些偏远地区甚至缺乏完善的冷链物流系统。当前的电商直播平台也未能为农产品建立专业的物流供应链，保障产品新鲜度的难题日益凸显。此外，我国冷链物流监管标准不一，执行难度较大，为农产品电商直播的基础设施建设提供了改进的空间。改进物流供应链和实现监管标准的一致性都是改善农村电商直播基础设施的重要措施，同时也有助于提升售后服务的质量。

（三）农村电商直播助力乡村振兴发展策略

1. 引进直播人才

在电商直播蓬勃发展的今天，无论是城市还是农村，各行各业对人才的需求都呈增长趋势。随着农村电子商务直播的兴起，农村产业规模不断扩大，然而农村主播的素质和专业化程度却远远低于应有水平，电商直播领域尤其缺乏专业人才。为了紧跟电商新模式的发展步伐，建立高质量的人才队伍，以更好地确保农产品直播产业的可持续发展，首要任务是培养本土化的青年直播团队，并使其接受专业的培训。在这一过程中，政府应加强对农民电子商务技能的专门培训，扩充农民的电商专业知识，使他们成为拥有新知识、新技能的高素质人才。与此同时，与职业院校合作，通过电商直播、品牌营销支持返乡创业的青年积极参与农村电商发展，以人才振兴推动产业振兴。劳动保障部门应与电子商务营销企业合作，联合举办农村地区主播和电商操作训练班，确保农村本土主播能够接受专业化的网络直播职业技能培训，提升农村直播产业的整体实力。通过校企合作、产业融合，全方位、多层次地开展农村本土主播培养计划，培养出既懂电商又懂农村的新型直播人才。

其次，鉴于农村居民知识水平的有限性，大部分人对互联网大数据、信息管理等知识了解较少。因此，除了进行本土化人才培养外，还需要引进熟悉互联网和电商运营的专业电商直播人才。为这些人才提供良好的工作环境和较高的薪资待遇，使其能够更好地为农村电商经济的发展贡献力量。这一举措旨在培养更多专业的农产品带货主播，推动农村经济发展，实现乡村振兴。

2. 打造品牌特色

在农产品直播中，产品质量被视为产品生命的核心，而过硬的质量则是产品畅销的关键。质量能否保证不仅关系到客户的满意度，也直接影响着品牌的可持续发展。因此，在产业发展的推进过程中，打造独特的品牌，确保产品质量成为至关重要的首要任务。

首先，农产品直播的最佳场景是农作场景。主播通过电商直播向消费者展示农产品从种植到收获的整个过程，运用体验式讲解法，通过亲自采摘、品尝农产品，消费者直观地了解农产品的质量。这种直观的展示方式可以有效增强人们对农产品品质的信任，使消费者更愿意选择并购买这些产品。

其次，在直播营销推广中，不仅需要介绍产品本身，还应结合地域优势、地区文化特色、历史人文等因素，将产品与经济元素和文化内涵有机融合。通过建立自己的地域直播风格和独有品牌特色，形成独特的品牌形象，品牌更富有个性和吸引力。同时，创新直播内容和形式，积极与消费者进行互动，拉近与消费者的距离，逐渐赢得消费者的认可。这不仅可以增加直播间的人气，还有助于挖掘更多潜在的消费者，为产品品牌的发展奠定坚实基础。

3.完善基础设施建设

随着人们线上购物数量的迅速增加，乡村公路等基础交通设施已经无法满足高效率的物流配送需求。因此，如何完善农村的货运物流运输体系，发挥农村物流在电子商务中的核心作用成为迫切需要解决的问题。

首先，必须提升物流配送服务水平。在做好农村道路修建与养护的基础上，要着重解决物流公司配送的问题。考虑到农村快递大多数配送到镇上，对于离快递点较远的村庄，货物的收取与发送相对麻烦。因此，建设以村为单位的货物集中点对于农产品的销售与领取具有重要意义。可以依托"村村通"工程，建立农村电商配送服务网络，为农村电商的快速发展打下坚实基础。

其次，应加强农产品仓储建设。考虑到农产品易腐烂、发霉的特性，以及农户采用传统方式储存的情况，为了降低损失、保证产品质量，需要建设完善的冷链物流和冷库仓储设施。政府应为农村提供资金和政策支持，农民还需引进相应的人才来管理仓储建设，确保农产品的质量。

再次，在乡村振兴的大背景下，随着农村产业经济的迅速发展，城乡一体化是大势所趋。通过直播，农村地区能够吸引城市居民购买农产品，拉动当地经济发展。同时，还能吸引城市人群来农村旅游、体验农家乐趣，带动当地产业发展，进一步促进消费，为乡村振兴提供助力。

第四章 农村电子商务对乡村社会的影响与优化策略

第一节 农村电子商务对乡村治理模式的创新

一、电子商务对乡村治理结构的影响

（一）农业人才的回流

1. 农业人才回流与农村电商平台运营

（1）电子商务崛起对农业人才回流的推动作用

随着电子商务的崛起，农村地区面临着市场竞争和效益提升的压力，这促使了农业人才的回流现象。在传统农业面临挑战的背景下，农村人才被吸引回乡发展，主要集中在农村电商平台的运营和管理领域。

（2）农业人才回流对农村电商平台的专业化和高效运营的影响

农业人才回流对农村电商平台的专业化和高效运营产生深远的影响。首先，回流的农业人才具备丰富的专业知识，这使得他们能够更深入地理解市场需求。在电商平台运营中，这种专业知识发挥着关键作用，为平台提供了准确的市场分析和产品定位，从而更有针对性地推广农产品。这种专业化的运作不仅提高了平台的竞争力，也为农产品的市场拓展奠定了坚实基础。

其次，农业人才回流注入了先进的互联网技术，使得电商平台能够更高效地运营。通过掌握先进的技术手段，这些人才能够将电商平台打造成为高效的销售渠道。这包括运用大数据分析、人工智能等技术，提高农产品的流通效率，降低运营成本。农业人才的互联网技术应用不仅仅是为了提升平台的运营效率，更促使电商平台与农业生产模式的创新相互促进。新的技术手段推动了农产品

供应链的数字化和智能化，为农业生产带来了新的发展路径。

（3）农业人才回流对乡村治理结构的重塑

农业人才回流对乡村治理结构产生了深远的影响，主要表现在新的组织方式和治理结构的创新两个方面。首先，农业人才的回流催生了乡村治理结构的变革，其中村级组织与电商平台展开合作，形成了一种全新的组织方式。这种合作不仅加速了信息的流通，也提高了治理效能，为乡村治理结构的优化奠定了基础。

这种新的组织方式的推动，使得乡村治理结构更加灵活和适应市场需求。合作中涌现出的机制和模式，为农产品的流通链管理提供了更为有效的手段。这不仅包括电商平台与村级组织之间的协同管理，也涉及信息共享、资源整合等方面的合作。通过这种协作机制，乡村治理结构得以从传统的管理方式中解放出来，更好地适应了电商时代的需要。

其次，电商平台与乡村治理结构的互动促进了治理结构的创新。新的组织方式不仅是一种合作模式，更是对治理结构的重新设计和优化。这种创新不仅在资源配置上更加灵活，也在制度和规则的制定上有了新的突破。治理结构的创新为农村电商的可持续发展提供了有力支持，使得乡村治理体系更具适应性和竞争力。

2. 农业人才回流与农村电商平台资源整合

（1）人才回流与惠农资源的进一步有效利用

人才回流对惠农资源的进一步有效利用在农村电商平台中发挥了显著的作用。首先，回流的农业人才通常具备较强的市场洞察力，能够准确判断市场趋势和需求。这种市场洞察力的提升使得电商平台能够更有针对性地推动惠农资源的利用，实现农产品的精准推广。通过深入了解市场，回流人才能够精准地定位农产品的特色和优势，从而在推广过程中更好地满足消费者的需求，提高农产品的市场竞争力。

其次，回流人才为电商平台注入了新的活力，促进了农产品的生产、加工、销售等环节的创新。这种创新能力的发挥不仅提高了农产品的附加值，还为农村地区带来了更多的发展机会。在电商平台的支持下，回流人才能够通过新的生产模式、产品包装和市场营销等方面的创新，为农产品赋予新的特色，吸引更多的消费者关注和购买。这种创新不仅提高了农产品的附加值，也为农村地区带来了更广泛的经济和社会效益。

(2)资源整合对乡村治理结构效能的提升

资源整合在乡村治理结构中的应用使其效能产生了显著的提升。首先,农业人才的回流促使资源整合更加顺畅,为推进惠农政策的实施提供了强大的支持。这种整合不仅是物质资源的协同利用,更是涉及信息、技术、人才等多方面的有机整合。回流人才通过其专业知识和市场洞察力,能够更加有效地整合各类资源,为政策的制定和实施提供科学依据和实际支持。这种整合不仅加速了政策的贯彻执行,也使政策效果更加显著。

其次,有效的资源整合不仅提升了电商平台的运营效率,同时也加强了乡村治理结构的整体效能。在资源整合的过程中,电商平台充当了信息传递和资源配置的枢纽,加速了资源的流通和利用。这种加强对乡村治理结构效能的提升起到了关键作用。通过整合农产品产销信息、市场需求信息等,电商平台使得乡村治理结构更具前瞻性和灵活性。整合后的资源不仅有利于经济效益的提升,也有助于实现社会效益的最大化,从而构建了更加高效的治理体系。

(二)村级组织的重塑

电子商务的兴起促使村级组织在治理结构中发生重要变革。村级组织在传统治理中往往局限于传统的行政和社区管理职能,而电商的发展为其提供了更广阔的发展空间。在电商平台的支持下,村级组织可以更好地发挥组织和服务职能,推动治理结构的创新和升级。

1.电商的发展使得村级组织在市场中具有更强的议价权

电商的迅猛发展为村级组织在市场中争取更强议价权提供了有力支持。通过电商平台,村级组织得以将本地农产品推向更广阔的市场,实现产销对接。这一过程不仅推动了农产品的销售范围扩大,更使得村级组织在市场中的地位显著提升,为更好地谋求本地农民的利益创造了有利条件。在这一变革过程中,村级组织的重塑势在必行,需要适应市场需求,提供更专业和高效的服务。

电商平台为村级组织提供了独特的机会,使其能够充分利用互联网技术,将农产品推广至全国范围。这不仅带来了销售量的增加,同时也拓宽了市场渠道,提高了产品的知名度。通过电商,村级组织能够更灵活地调整产销结构,更精准地满足市场需求,从而在市场中具有更大的议价权。这种变革不仅改变了农产品的销售方式,也为村级组织注入了更大的经济活力。

村级组织在电商平台上的发展还促进了其自身的重塑。为适应市场竞争和更好地服务本地农民,村级组织需要提升管理水平,加强专业化培训,建立更为完善的产销体系。这种重塑不仅包括内部管理结构的优化，还包括外部合作关系的建设。村级组织需要与电商平台、物流企业等紧密合作，以提高运营效率，更好地满足市场需求。这种变革为村级组织带来了更多的挑战，也为其提供了更多的发展机遇。

2. 村级组织在电商平台上的运营需要具备更强的信息化和管理能力

村级组织在电商平台上的运营不仅需要更强的信息化能力，还需要高效的管理水平。随着电商平台的广泛应用，村级组织必须适应数字化治理的趋势，以更好地推动农产品的销售和维护本地农民的利益。这一转变需要村级组织具备更强的信息化和管理能力。

在电商平台上运营涉及多个方面的工作，包括产品的上架、订单管理、数据分析等。为了顺利开展这些工作，村级组织需要熟练运用信息技术。这包括对电商平台操作的熟练程度，以及对数据分析工具的灵活运用。信息技术的应用不仅提高了运营效率，还能够为农产品的精准定位和市场推广提供支持。因此，村级组织在数字化运营中的信息化能力显得尤为关键。

为了适应数字化治理的需要，村级组织的重塑势在必行。首先，必须进行人员培训，使工作人员能够熟练掌握电商平台的操作技能和信息技术的应用。这包括对新技术的学习和运用，以及对市场趋势和消费者需求敏感性的培养。其次，需要优化组织架构，使得信息和决策能够更加流畅地在村级组织内部传递。建立更为灵活、高效的组织结构有助于适应快速变化的市场环境，提高村级组织的竞争力。

这一转型过程不仅是对技术水平的要求，更是对管理层面的提升。村级组织需要建立起更为科学、灵活的管理机制，使得信息能够在组织内部迅速传递，决策更为迅捷。这种管理水平的提升不仅有助于电商平台的运营，同时也为整个组织的发展提供了更为坚实的基础。

（三）惠农资源的输入

电子商务在农村地区的发展改变了对惠农资源的输入方式，有了电商平台的支持，各种农村惠农资源得以更加精准和高效地注入乡村治理结构中。

第一，电子商务平台提供了一个更加直观和高效的渠道，使得各种惠农政策和资源能够更准确地传递到需要的农户手中。政府可以通过电商平台进行政策的全面宣传和解读，确保农民充分了解各项政策的具体内容和利益。这种直接而高效的信息传递有助于提升惠农政策的执行效果，使其更好地服务于乡村治理的整体目标。

第二，电商平台的数字化特性为政府提供了更为精准的资源配置手段。政府可以通过数据分析了解不同地区、不同类型农户的需求，有针对性地向特定对象提供相应资源。这种精细化的资源配置有助于提升资源利用效率，使惠农政策更加科学和智能。

电子商务对惠农资源的输入方式进行了创新和优化，为乡村治理结构提供了更为灵活和高效的手段。这种优化有助于实现资源的更均衡分配和更有效利用，进而提升整体治理效能。

（四）治理议题的更新

电子商务的发展也导致了乡村治理议题的更新和调整。在传统治理中，政府和社区主要关注农村的基础设施建设、土地分配等问题，而随着电商的兴起，新的治理议题涌现，对乡村治理结构提出了新的挑战。

1.电商的普及使得农村社区需要更多地关注数字化社会带来的问题

电商的普及在农村社区引发了对数字化社会问题的更多关注。随着电商平台的蓬勃发展，农村社区面临着诸多新的治理挑战，其中网络安全、信息隐私、数字鸿沟等问题成为新的治理热点。政府和社区需共同努力，加强对这些问题的关注，研究制定相应的政策和规章，以确保数字化治理不会带来新的社会问题。

首先，电商的普及引发了对网络安全的重视。农村社区在数字化社会中逐渐成为网络攻击的潜在目标。因此，政府和社区应当共同关注网络安全问题，采取措施防范网络攻击、数据泄露等风险。建设更加安全的网络环境，加强网络监管，成为确保数字化治理稳健可靠的关键步骤。

其次，信息隐私成为一个亟待解决的问题。随着农村社区居民在电商平台上进行交易、信息分享，个人隐私面临更大的风险。政府和社区应通过立法和监管机制，保障居民个人信息的合法使用和隐私权的保护。加强信息安全教育，增强农村居民的信息保护意识，是确保数字化治理发展过程中信息隐私问题得到妥善处理的关键。

另一方面，数字鸿沟的存在也值得高度关注。尽管电商为农村居民提供了更广阔的市场机会，但数字化社会的发展也可能导致信息获取和技术应用的不平等现象。政府和社区需要通过加强数字教育、提高技术普及率等手段，努力缩小城乡数字鸿沟，确保数字化治理的红利更加普惠。

2.电商发展也加大了农村社区对产业结构升级的迫切需求

电商的发展加大了农村社区对产业结构升级的紧迫需求。电商平台的普及使传统产业和新兴产业之间的竞争愈发激烈，因此，社区需要更好地引导和调整产业结构，以适应这一新的经济格局。政府在此背景下需思考如何更好地利用电商平台，推动本地产业的转型升级，实现更加可持续和高效的发展。

随着电商的崛起，传统产业面临市场竞争的压力。农村社区的传统产业，如农业、手工业等，在电商平台上需要更好地融入现代商业模式，提高产品的市场竞争力。这可能涉及产品的包装升级、品牌建设、市场推广等方面的工作，以适应电商平台的销售环境。同时，也需要采取措施促进传统产业的技术升级和管理提升，以提高生产效率和质量，更好地适应市场需求。

与此同时，电商的发展也催生了新兴产业。农村社区可以通过电商平台拓展新的商业领域，如电商物流、电商服务等，进一步丰富产业结构。政府可以通过制定相关政策，鼓励创新创业，引导本地企业在新兴产业领域发展，为农村社区注入新的发展动力。

在引导和调整产业结构的过程中，政府需要发挥引导和激励的作用。通过制定支持政策，鼓励企业投入新技术、新设备，提高生产效率和产品质量。同时，政府还可以通过培训计划，提升农民和企业从业人员的技能水平，提高他们在电商平台上的竞争力。

二、新型乡村治理模式的建立

（一）数字化乡村治理平台的建设

1.政务整合与信息共享

在新型乡村治理模式的构建中，政府亟需着重发展数字化乡村治理平台，以整合政务、公共服务、社区自治等多方面资源，形成一个高效而全面的信息共享和管理系统。该平台的目标是涵盖各级政府的数据和服务，为乡村治理提供坚实的信息基础。这一数字化平台的构建不仅需要信息的整合，更是一种对治理模式的智能化升级。通过引入人工智能、大数据分析等先进技术手段，政府能够更准确地洞察乡村社会的动态，从而提高决策的科学性。

数字化乡村治理平台的建设有助于消除信息孤岛问题，将分散在不同系统中的信息整合在一个统一的平台上，使得政府各部门之间、不同层级之间能够更加畅通地共享信息。这不仅提高了政府内部协同的效率，也为乡村治理决策提供了更为全面的信息支持。通过数字平台的运作，政府可以更加迅速地响应社会需求，实现治理决策的科学合理性。

在这一信息化平台的支持下，乡村治理过程中信息的传递效率将显著提高。政府与居民、不同层级政府之间能够更为迅速、准确地传递信息，从而更好地响应社会需求。这种高效的信息传递有助于政府更加及时地制定政策、采取措施，提升治理效果。同时，数字平台的建设也为居民提供了更为便捷的公共服务，提升了社会满意度。

数字化乡村治理平台的建设，不仅是技术手段的运用，更是一种治理模式的创新。通过数字平台，政府能够更贴近民生，更全面地了解乡村社会的需求和状况，从而更好地制定相关政策。这种治理模式的智能化和信息化不仅提高了决策的科学性，也增强了治理的透明度。居民能够更清晰地了解政府的决策过程，加强对治理模式的信任感。

2. 智能化治理与透明度提升

在新型乡村治理模式的推动下，数字化乡村治理平台的建设不仅仅是信息整合的过程，更涵盖了对治理模式的智能化改造。这一改造的关键在于引入先进的技术手段，如人工智能和大数据分析，以实现更为精准地对乡村社会动态的洞察，从而提高治理决策的科学性。通过人工智能的应用，政府能够更深入地理解乡村社会的需求和挑战，使得治理决策更具前瞻性和针对性。

人工智能技术在数字化乡村治理平台中的应用，不仅能够从海量的数据中挖掘出隐藏的规律和趋势，还能够对乡村发展进行智能预测。通过对社会、经济、环境等多个方面的数据进行分析，政府能够更加准确地制定相关政策，有针对性地推动乡村社区的发展。这种智能化的治理模式使得政府在面对日益复杂的社会问题时能够更加灵活、高效地作出决策。

与此同时，数字化乡村治理平台的建设还将带来信息透明度的显著提升。居民将能够更清晰地了解政府的决策过程和依据，使得治理过程更为公开、透明。政府通过智能化的决策手段，能够清晰地向居民解释决策的背后逻辑，增强居民对治理模式的信任感。这种透明度的提升有助于建立政府与居民之间更为密切的沟通和互动关系，构建更加和谐的社会氛围。

数字化乡村治理平台的智能化改造旨在提高治理决策的科学性和透明度，进一步推动乡村治理向更为现代化和人性化的方向发展。通过技术手段的引入，政府能够更加主动地适应社会的变化，更加精准地满足居民的需求。

（二）强调基层自治与民主治理

1. 乡村居民委员会的设立

在构建新型乡村治理模式的过程中，突出基层自治的原则显得尤为重要。

为实现这一目标,政府可以积极考虑设立乡村居民委员会,作为连接政府与居民之间的桥梁,通过选举产生代表,使居民能够直接参与到乡村事务的决策中。

乡村居民委员会的设立旨在构建一种更加民主、平等的治理机制。通过选举产生的委员会代表将充当居民的代言人,与政府直接对话,反映居民的意见和需求。这种参与式决策的机制不仅能够增强居民的自治意识,也为居民提供了更多参与决策的机会,使治理更加符合乡村实际需求。

乡村居民委员会的设立有助于缩小政府与居民之间的距离,建立起更为紧密的联系。选举产生的委员会代表将在居民中嵌入,更好地了解居民的日常生活、诉求和困扰。这种直接的联系将有助于政府更准确地把握乡村社区的真实情况,有针对性地制定相应政策,提高治理的精准性。

乡村居民委员会的设立也为乡村社区带来了更为民主的治理模式。通过选举产生的代表能够在决策过程中充当平衡力量,保障各个利益群体的权益。这种民主治理模式有助于化解社区内部矛盾,建立更加和谐稳定的社会环境。

2. 社区议事厅的建立

为了加强基层治理的平民化和民主化,政府可以采取建立社区议事厅的措施,将其作为居民集体讨论和决策的场所。社区议事厅的设立旨在促进社区居民更广泛地参与,通过定期召开居民大会、听取居民的意见和建议,构建一种开放透明的决策机制。

社区议事厅作为居民集体决策的平台,能够提供一个开放的空间,社区居民能够更加自由地表达他们的意见和诉求。定期召开的居民大会成为交流和协商的平台,有助于形成共识,推动社区事务的决策。通过这种方式,社区议事厅有望实现社区治理的平民化,使决策更贴近居民的实际需求。

社区议事厅的建立有助于构建一种更为民主的决策机制。居民通过参与大会,不仅能够直接了解社区事务的进展,还有机会就社区的重大事项进行投票表决。这种基于广泛参与的决策机制能够有效避免权力过于集中,保障居民在社区事务中的权益。通过社区议事厅,政府能够更全面地获取社区居民的反馈,为政策制定提供更为准确的信息。

为了保障社区议事厅的正常运转,政府应当提供必要的支持。首先,提供资金支持,用于议事厅场地的建设和维护,确保居民有一个适合开展讨论的空间。其次,提供技术支持,例如建立在线平台,使得居民可以更灵活地参与决策过程。最后,政府还应当提供培训支持,培养社区居民参与决策的意识和能力,以提高决策的质量和效果。

3.民主治理的法治保障

在强调基层自治与民主治理的新型乡村治理模式中，法治理念的融入是确保治理有效性和公正性的重要环节。政府在构建这一模式时，需着力建立健全的法治体系，以明确基层自治的法律基础和边界，从而保障乡村居民在自治过程中的合法权益。法治的保障不仅为基层自治提供了规范，更为民主治理提供了制度性支持，确保治理模式既具有灵活性又不失秩序性。

新型乡村治理模式的法治保障首先需要确立明确的法律框架，以规范基层自治的范围和权限。政府应当建立适用于乡村层面的法规和法律条文，明确基层自治组织的法定地位和权限范围。这有助于防止基层自治过程中权力过度集中或滥用，保障居民在自治中的参与权和知情权。

在法治保障中，政府还需设立有效的监督机制，以确保基层自治的合法性和公正性。监督机制可以包括设立独立的监察机构、建立投诉举报渠道等方式，使得自治组织的行为在法治轨道上运行。这不仅有助于杜绝腐败现象，还能够确保决策过程的透明度和公正性，增强居民对治理模式的信任。

同时，法治的保障也要求政府在制定法规时充分考虑乡村居民的实际需求和文化特点，以确保法律体系贴近实际、易于执行。政府可以与当地居民和社区代表广泛沟通，听取他们的建议和意见，制定更具针对性的法规。这有助于提高法治的实际效果，促进基层自治和民主治理的有机结合。

最后，法治的保障还需要加强法律教育，提升居民的法律意识和法治观念。政府可以通过开展法律宣传活动、提供法律咨询服务等途径，让乡村居民更好地理解和参与法治过程。这有助于建立法制意识强烈的社区，增强居民对依法依规的共识，从而推动治理模式更为健康和可持续发展。

第二节　农村电子商务对乡村公共服务水平的提升

一、电子商务在提升基础设施和服务水平中的作用

（一）便捷的商品和服务获取

1.拓宽消费渠道

农村电子商务平台的崛起为乡村居民提供了新的消费渠道，极大程度地拓宽了他们获取各类商品和服务的途径。通过在线购物渠道，乡村居民得以轻松

地浏览、比较和购买各种商品，满足了日常生活和工作的多样化需求。

这一变革带来了多方面的积极影响。首先，农村居民可以在不离开家门的情况下，随时随地访问电商平台，获得了全天候的购物体验。这对于那些交通不便、离城市较远的乡村居民尤为重要，极大地提高了购物的便捷性。其次，电商平台的出现扩大了乡村居民的消费选择范围。依托平台上的服务，居民可以更广泛地获取市场上的各种产品，不再受限于传统零售店的有限品种。

此外，电商平台也为农村居民提供了更为灵活的比价和购物方式。通过在线比较价格、查看商品评价，居民能够作出更为理性和明智的消费决策。这种透明度的提高有助于减少信息不对称，保护了居民的消费权益。另一方面，电商平台为乡村居民提供了更多的特价和促销活动，使他们能够以更经济实惠的价格获得所需商品。

2. 促进农产品销售

电商平台的崛起为农产品销售提供了一条高效且便捷的途径，为农村居民打开了推广农产品的新大门。通过在线渠道，农村居民可以将自家的农产品推向更广阔的市场，实现了销售范围的拓展和销售渠道的多元化。

第一，电商平台为农产品提供了一个更广泛的曝光机会。通过在线展示、商品介绍以及消费者评价等功能，农产品得以在虚拟市场中展现自身特色，吸引更多潜在客户的关注。这种曝光机会的增加有助于农产品更好地被市场认知，为销售奠定了基础。

第二，电商平台打破了地域的限制，使得农产品能够覆盖更广泛的地理区域。农村居民通过电商平台不仅可以销售产品给本地居民，还能够触及城市和其他农村地区的潜在顾客。这种跨区域销售的机会为农产品提供了更大的市场空间，使农业经济得以迎来新的发展机遇。

第三，电商平台也为农产品销售提供了更为便捷的交易方式。通过在线支付、物流配送等系统，农产品的销售变得更加迅速高效。这不仅提升了客户的购物体验，也为农产品的快速流通提供了支持，有助于减少库存压力，提高销售效率。

（二）推动基础设施的发展

1. 物流网络建设

电商的迅猛发展推动了农村物流网络的全面建设，为农村居民提供更快速、安全的商品配送服务。这一趋势在实质上推动了物流网络的逐步完善，使其覆盖范围扩大至更多乡村地区，为电商业务的发展提供了有力的支持。

物流网络建设的关键在于提高商品配送的效率和可靠性。随着电商业务的增长，对物流服务的需求逐渐上升，这促使物流公司加大对农村物流网络建设的投资。通过建设更多的仓储中心、配送站点，物流网络得以更好地覆盖农村地区，实现商品更快速、更及时地配送。

农村物流网络的建设不仅仅体现在物流基础设施的完善，还包括信息技术的广泛应用。采用先进的信息技术，物流公司能够更加智能地规划配送路线、实现实时监控和管理货物，提高物流效率，保障商品配送的可靠性。这种数字化的物流管理系统不仅提升了物流服务水平，也为电商企业提供了更可靠的后勤支持。

物流网络的建设还推动了就业机会的增加。随着物流网络的不断扩张，涉及的人员从物流人员到技术维护人员等相应增加。这为农村地区提供了更多的就业机会，提高了农村居民的收入水平，促进了乡村经济的发展。

2. 支付体系的健全

电商平台推动了农村支付体系的健全，为居民提供更为便捷的交易手段。为满足居民在线购物的需求，电商平台引导了电子支付的广泛使用，这一变革不仅提高了支付效率，也为农村居民带来了更便捷的支付方式。

第一，电商平台的兴起推动了农村电子支付的广泛普及。为了适应在线购物的便利性，居民更倾向于使用电子支付方式完成交易。这促使了农村地区支付体系的调整和升级，包括银行卡支付、手机支付等多种电子支付手段的逐步推广。这种支付方式的普及不仅提高了支付的便捷性，同时也降低了居民携带现金的风险，提升了支付的安全性。

第二，电商平台的电子支付推动了农村金融服务的升级。为了支持电子支付的发展，金融机构加大了对农村地区金融服务的投入，推出了更为便捷的金融产品。这包括线上开设银行账户、办理电子支付卡等服务，使农村居民能够更好地享受金融服务的便利。

第三，电商平台引导更多的居民参与金融活动。通过线上购物、在线支付等活动，农村居民逐渐习惯了电子支付的方式。这不仅促进了居民对金融知识的学习，也培养了他们对金融市场的参与意识。这一过程有助于拓宽居民的金融视野，提升了金融素养水平。

（三）公共服务体系的优化和完善

1. 在线教育的推动

电商平台的蓬勃发展为在线教育服务的兴起提供了有力支持。政府和企业通过电商平台可以更加灵活地提供在线教育服务，为乡村居民提供高质量的教育资源，从而优化了公共教育服务体系。

第一，电商平台为乡村居民提供了更广泛的教育资源。通过在线教育平台，乡村居民可以轻松获取各类课程和学习资料，包括学科知识、职业技能培训等多方面的内容。这种多元化的教育资源覆盖了从小学到职业培训的各个阶段，使乡村居民能够根据个体需求自由选择适合的学习内容，促进了个体的全面发展。

第二，电商平台为在线教育提供了便捷的学习环境。乡村居民通过电商平台可以在任何时间、任何地点进行学习，无须受到时间和空间的限制。这为那些由于交通不便、资源匮乏等原因难以获得传统教育的乡村居民提供了更加灵活的学习机会，弥补了教育在地理和资源上的差距。

第三，电商平台的在线教育服务也促进了师资的优化。通过吸引优秀的教育资源和名师入驻在线教育平台，乡村居民能够接触到更高水平的教育内容和师资力量，提升了学习质量。这种方式也为乡村地区培养了更多的优秀教育人才，促进了教育事业的发展。

2. 医疗服务的数字化

电商平台的发展为乡村居民提供了便捷的在线医疗服务，通过远程医疗咨询和在线购药，居民可以在家获取医疗服务，进一步优化了公共医疗服务体系。

第一，电商平台的在线医疗服务提供了更广泛的医疗资源。通过在线医疗平台，乡村居民可以随时随地对专业医生进行远程咨询，获得及时的医疗建议。这种服务不仅解决了乡村地区医疗资源匮乏的问题，也增加了居民对医疗知识的获取渠道，促进了健康管理意识的提升。

第二，电商平台为乡村居民提供了便捷的购药服务。通过在线药店，居民可以直接购买药品，实现了药品的快捷配送。这对于一些居住在偏远地区、交通不便的乡村居民来说，解决了药品难以获得的问题，提高了他们的医疗保障水平。

第三，电商平台的在线医疗服务也促进了医患沟通的优化。通过文字、语音、视频等多种形式，医生能够更充分地了解患者的病情，提供更个性化、精准的医疗建议。这种沟通方式不仅提高了医疗服务的效率，也改善了医患关系，增强了患者对医疗服务的信任感。

二、改善乡村公共服务的实践路径

（一）加大对农村电商平台的支持

1. 财政和政策支持的加强

政府通过加大对农村电商平台的财政和政策支持，为其在医疗、教育、文化等领域的拓展提供更多资源，旨在激发电商平台在公共服务领域的创新。

其一，财政支持是政府推动电商平台公共服务拓展的关键手段。政府可以通过向农村电商平台提供财政补贴，鼓励其在公共服务领域开展创新项目。这些补贴可以用于支持在线医疗、在线教育等服务的建设和推广，为平台提供运营和发展的经费支持。

其二，税收优惠是政府支持电商平台的另一重要方式。通过减免税收，政府可以降低电商平台在公共服务领域运营的成本，激发其提供更为优质服务的积极性。例如，对于从事在线医疗、在线教育的电商平台，可以实行一定的税收减免政策，以促进其在这些领域的发展。

其三，政策支持也应当包括相关法规和标准的制定与完善。政府可以明确电商平台在公共服务领域的法律地位，规范其运营行为，保障居民在使用这些服务时的权益。同时，政府还可以为电商平台在公共服务领域提供更多的发展政策，鼓励其开展创新实践，推动整个公共服务体系的升级。

2. 技术和人才支持

为促进农村电商平台在公共服务领域的技术升级和创新，政府可通过提供技术和人才支持，与企业、高校等机构合作，共同推动数字化、智能化技术在公共服务中的应用。

其一，技术支持方面，政府可以与科研机构、技术企业合作，为农村电商平台提供先进的数字化和智能化技术。例如，引入人工智能、大数据分析等技术手段，以提高平台的运营效率和用户体验。政府可以设立专门的技术研发基金，资助农村电商平台开展相关技术研究和创新实践，推动技术在公共服务中的广泛应用。

其二，人才支持是关键环节。政府可通过设立培训计划、提供奖学金等方式，吸引和培养与数字化、智能化相关的人才，以满足农村电商平台在技术创新方面的需求。鼓励企业与高校建立合作关系，共享人才资源，推动技术研究成果的转化应用。

其三，政府还可以推动建立技术交流平台，促使不同地区、不同领域的农村电商平台分享技术经验和创新成果。这种交流有助于形成技术合作网络，推动整个农村电商平台行业的技术水平提升。

（二）引导社会资本投入公共服务项目

1. 设立专项基金和奖励机制

为促进社会资本投入乡村公共服务项目，政府可以采取设立专项基金和奖励机制的措施。这将有助于引导更多社会资本参与乡村公共服务的建设与发展。

其一，设立专项基金是一种有效的政策工具。政府可以通过设立专门的乡村公共服务基金，支持社会资本在医疗、教育、文化等领域的投入。该基金可以通过预算拨款、税收优惠等方式筹措，为社会资本提供一定的财政支持，降低其投资风险。

其二，建立奖励机制是激励社会资本积极投入乡村公共服务的有效途径。政府可以设立奖励机制，对那些在乡村公共服务项目中取得显著成效的社会资本进行奖励。奖励可以体现在财政奖励、名誉奖励等方面，旨在提高投资者的积极性和参与的热情。

其三，政府还可以鼓励金融机构加大对乡村公共服务项目的支持力度。通过建立金融产品和服务，提供低息贷款、风险分担等金融支持，降低社会资本参与乡村公共服务项目的融资成本，刺激更多资金流入这一领域。

2. 建立社会资本与电商平台的合作框架

为有效引导社会资本投入，政府需要建立合作框架，促使社会资本与电商平台之间形成深度合作，以确保投资更好地服务于乡村公共服务项目的改善。

其一，政府可以通过协商制定合作协议，明确电商平台和社会资本的合作关系和责任分工。合作协议应该包括项目目标、资金投入、利益分配、项目管理等方面的具体内容，以明确双方的权利和义务。协议的签订可以规范双方的合作行为，提高合作的效率和可持续性。

其二，共同设立项目管理机构是深化合作的关键步骤。政府可以鼓励电商平台和社会资本共同设立专门的项目管理机构，负责协调和管理投资项目的实施。该机构可以由双方共同选派的代表组成，确保双方在项目实施过程中能够协同合作，充分发挥各自的优势。

其三，政府还应提供相应的政策支持，包括税收、财政、法律等方面的支持措施，以促进电商平台与社会资本的合作。这可以通过为合作项目提供财政奖励、税收优惠等方式，鼓励更多的社会资本参与到乡村公共服务的改善中来。

（三）打破传统公共服务的单一局限

1.引入电商平台的公共服务创新

政府引入电商平台，可推动公共服务模式的创新，为乡村居民提供更多元化的服务，打破传统服务的单一局限。

第一，政府可以通过电商平台引入在线文化活动。通过线上平台组织文艺演出、展览、讲座等文化活动，居民可以在家中参与，不仅拓展了文化传播渠道，也为乡村居民提供了丰富的精神文化享受。这样的创新不仅促进了文化的传承，也加强了乡村社区的凝聚力。

第二，引入远程医疗咨询服务也是一项创新。通过电商平台，乡村居民可以远程咨询医生，获取专业医疗建议，避免因交通不便或信息不畅造成的医疗资源浪费。这不仅提高了医疗服务的效率，还使得乡村居民能够更及时地获得医疗支持，提升了整体健康水平。

第三，政府还可以通过电商平台推动在线教育的发展。引入远程教学资源，使乡村学生能够享受到与城市同等水平的优质教育资源。这有助于缩小城乡教育差距，提高乡村教育水平，为乡村青年提供更广阔的发展机会。

2.建立公共服务与电商平台的协同机制

政府在推动公共服务与电商平台的协同机制方面扮演着关键的角色。建立良性互动机制，通过协调资源和信息共享，能够有效促进服务的多样化和个性化，提升乡村居民的生活质量。

为了实现公共服务与电商平台的协同，政府首先可以建立专门的协调机构，负责统筹各方资源和信息。这一机构应由政府代表、电商平台运营方、相关领域的专业机构等共同组成，以确保合作的顺畅进行。通过举办定期会议、建立工作组织等形式，促进各方的交流与合作，推动协同机制的建立。

其二，政府可以提供必要的支持，包括财政、技术和法律方面的支持，以促使公共服务机构与电商平台深度合作。例如，政府可以为这种合作提供财政补贴，支持电商平台在公共服务领域的创新和拓展。同时，政府还可制定相关政策，为合作提供法律保障，明确各方的权责，降低合作风险。

其三，政府可以通过引导电商平台与公共服务机构共享数据，推动信息共享，实现服务的更加精准和个性化。这有助于提高服务的效率，满足乡村居民多元化的需求。政府可以通过建立信息共享平台或标准，促使各方更加积极地参与，实现数据的互通互联。

在整个协同机制的建立过程中，政府应充分考虑乡村居民的需求和意见，确保服务贴近实际、切实可行。通过这种协同机制，公共服务与电商平台能够形成有机的合作关系，共同致力于提升乡村居民的生活品质。这也有助于促进乡村社区的可持续发展，推动乡村治理模式的创新与完善。

第三节 农村电子商务对乡村社会关系网络的重构

一、电子商务对社会关系的影响

（一）改变乡村居民与政府之间的关系

1. 拓展互动模式

农村电子商务的兴起不仅改变了乡村居民的购物方式，还在互动模式上带来了显著的拓展。通过电商平台，乡村居民与政府之间建立了更加直接和实时的互动通道，这对于促进信息流通、民意表达和提高政府决策的透明度具有重要意义。

其一，电商平台为乡村居民提供了一个即时获取政府信息的窗口。政府可以通过电商平台发布各类公告、政策解读等信息，使居民能够及时了解政府的动态和政策变化。这种信息的及时传递有助于填补信息鸿沟，使乡村居民更全面地了解政府工作。

其二，通过电商平台，政府可以设立在线问政渠道，能够方便居民表达意见和需求。这种直接的互动方式有助于政府更好地了解乡村居民的实际需求，为决策提供更为精准的参考。同时，居民通过表达意见也能感受到政府的关注和回应，增强对治理的信任感。

其三，电商平台还可以成为政府与居民互动的平台，通过在线调查、投票等形式，实现居民对公共事务的直接参与。政府可以利用这一平台征集居民的意见，让居民参与到乡村事务的决策过程中。这种互动模式的拓展有助于建立起更为紧密的政府与居民之间的联系，形成良性的互动循环。

2. 促进参与公共事务

电商平台的兴起为居民提供了广泛参与公共事务的途径，通过在线渠道表达意见、提出建议，这不仅丰富了政府决策的来源，更促进了政府与居民之间的积极互动，为治理模式的改善和民主化奠定了基础。

其一，电商平台作为一个便捷的沟通平台，使居民更容易参与到公共事务中。居民可以在平台上发布对政策的看法、提出问题或建议，实现了政府决策的多元化。这种开放的交流机制有助于汇聚各方意见，形成更为全面、多角度的决策信息，提高了政策的科学性和实效性。

其二，通过电商平台参与公共事务，居民更有机会了解和参与到乡村的发展规划和决策过程中。政府可以在平台上发布有关公共事务的信息，邀请居民参与讨论，从而增强居民对乡村事务的了解和参与感。这种透明的参与机制有助于加强政府与居民之间的互信关系，提高治理的合法性和公信力。

其三，电商平台的在线参与也为政府提供了更便捷的途径，了解居民的实际需求和关切点。政府可以通过分析居民在平台上的意见和建议，更精准地制定政策，满足居民的实际需求。这种双向的信息流动有助于建立政府与居民之间更为紧密的互动关系，推动治理模式的升级。

（二）虚拟社区的建立

1. 在线社交的推动

电商平台的蓬勃发展催生了虚拟社区，通过在线社交，乡村居民有机会分享生活经验、交流信息，从而形成更为紧密的社会联系。这一社交互动的过程不仅有助于缓解乡村居民的社交孤立感，同时为社区居民提供了一个共同体验的平台。

通过电商平台这一在线社交背景，乡村居民发布动态、参与话题讨论方式，积极地分享自己的生活经验，与他人建立起联系。这种开放的社交互动使得乡村居民能够更轻松地了解彼此，促进社区内部的交流和合作。与传统的面对面社交相比，电商平台提供了一个更加便捷和广泛的社交空间，为乡村居民提供了更多的交流机会。

电商平台的在线社交也有助于打破时空的限制，乡村居民能够跨越地域进行社交互动。有了在线平台，乡村居民不再受制于地理位置，能够与其他地区的居民建立联系，分享彼此的生活、文化和经验。这种跨越地域的社交模式有助于形成更为丰富多彩的社区网络，推动乡村社会的多元化发展。

与此同时，电商平台的在线社交也促进了社区居民对共同体的认同感。通过参与虚拟社区的互动，乡村居民能够获得一种属于自己的社区身份，形成共同体感。这有助于强化社区凝聚力，居民更愿意为社区的共同目标和利益努力，推动社区的可持续发展。

2. 社会联系的丰富化

通过虚拟社区，居民得以更广泛地了解彼此的生活、兴趣和需求，从而实现社会联系的丰富化。这一趋势不仅在强化社区内部的凝聚力方面发挥着积极作用，同时也为居民提供了更多的社交选择，使得社会关系更加多元和包容。

虚拟社区的形成使得乡村居民可以在一个开放的平台上分享各自的生活经验、兴趣爱好以及对社区发展的期望。这种信息的共享有助于拉近居民之间的距离，建立更为紧密的社会联系。通过在线社交，居民能够更全面地了解彼此的生活，发现共同点，进而促进社区内部的互动和交流。

社会联系的丰富化在增强社区内部凝聚力方面发挥着关键作用。通过虚拟社区，居民之间形成了更为紧密的联系，共同的话题和兴趣点使得社区成员之间更容易形成共鸣。这种情感的共鸣有助于形成积极向上的社区氛围，推动居民共同参与社区事务，促进社区共同体的发展。

与此同时，虚拟社区为居民提供了更多的社交选择。传统社交方式受限于地理位置和人际圈子，而虚拟社区消除了这些限制，使得居民能够与更广泛的人群建立联系。这种多元的社交选择使得社会关系更加开放和包容，有助于打破原有的社交圈层，促进不同群体之间的相互了解和交流。

（三）互助合作的促进

1. 资源共享与问题解决

电商平台不仅是商品买卖的场所，更是促进乡村居民形成互助合作关系的平台。通过在线平台，居民得以共享资源，互相解决各类问题，形成了更为紧密的社区网络。这种互助合作关系涵盖了多个方面，不仅限于商品交易，还包括信息分享、技能传授等，进一步加强了社区成员之间的关系。

在电商平台上，居民可以轻松地共享各类资源。这包括但不限于农产品、手工艺品、生活用品等，通过在线平台的交流和分享机制，居民能够更加高效地满足各自的需求。资源共享的机制不仅提高了居民的生活质量，也促进了农村经济的发展，形成了一种共赢的局面。

同时，电商平台的互助合作不仅限于物质层面，更包括信息和技能的分享。通过在线社区，居民可以分享生活经验、农业技术、手工技艺等，实现了知识和技能的传递。这不仅有助于提高社区成员的综合素质，也增强了社区的凝聚力。

互助合作关系不仅是一种单向的帮助关系，更是基于共同需求和兴趣的双向合作关系。通过电商平台，居民之间形成了更加紧密的联系，共同面对和解决各自面临的问题。这种互助合作关系不仅为居民提供了更多的资源和信息，也为社区建设提供了一种新的模式，推动了社会资本的形成和社会共同体的发展。

2. 社会共同体的形成

互助合作的推动促使了乡村社区更加紧密的社会共同体的形成。居民在电商平台上共同参与各类活动和交易，通过共同努力实现资源共享和问题解决，进而增进了彼此之间的信任和依赖关系。这种加强的社会联系不仅提高了社区内部的凝聚力，也为社会共同体的构建提供了坚实的基础。

通过电商平台，居民积极参与各类互助合作的活动，共同解决各自面临的问题。这种共同努力促进了居民之间互信关系的建立，使社区内部形成了更为紧密的群体。居民在共同的目标和利益下形成了更为稳固的联系，使得社区内的个体更加团结一致。

社会共同体的形成还表现在居民对共同事务的共同参与上。通过电商平台，政府可以更灵活地组织各类社区活动，居民能够共同参与社区建设、文化活动等，进一步增进了社区成员之间的联系。这种参与不仅有助于解决实际问题，更加强了社区居民对社区的认同感和责任心。

社会共同体的形成不仅仅是一种组织形式，更是一种社会结构的变革。通过电商平台推动互助合作关系建立，居民逐渐形成了更为紧密的社会联系网络，这有助于社区的可持续发展。共同体的形成社区提供了更多的资源和支持，也为社区居民提供了更多的社交选择，使社会关系更加多元和包容。

二、促进社会关系网络优化的策略选择

（一）支持电商平台开展社区活动

1. 组织多样的社区活动

政府的支持可以通过多样的社区活动的组织，进一步促进电商平台在乡村社区的发展。通过支持线上线下的座谈会、文化演出、义工活动等社区活动，政府能够积极营造社会共同体感，培养更加紧密的社会关系。

其一，政府可以支持电商平台组织各类座谈会。这些座谈会可以涵盖各个方面，如社区事务、公共服务需求等，为居民提供一个分享意见和建议的平台。通过座谈会，居民有机会表达对社区发展的期望和需求，促使政府更加贴近居民的实际需求，同时加强了政府与居民之间的互动。

其二，政府支持电商平台开展文化演出。这可以包括举办文艺晚会、戏剧演出等社区文化活动，为居民提供休闲娱乐机会的同时，也增进了居民之间的交流。文化演出作为社区活动的一种形式，可以在激发居民兴趣的同时，拉近居民之间的距离，促使社区形成更加和谐的氛围。

其三，政府还可鼓励电商平台组织义工活动。通过志愿者服务，居民有机会参与社区建设、环境整治等公益活动，从而加深居民对社区的归属感。同时，义工活动也为居民提供了互助合作的机会，使社会关系更加紧密和融洽。

2. 促进彼此了解

政府在推动电商平台促进居民彼此了解方面，可以通过鼓励居民参与各种社区建设项目来实现。社区活动的开展为居民提供了更深入了解彼此的机会，从而在乡村社区中培养更为紧密的社会联系。

其一，政府可以支持电商平台组织社区建设项目，鼓励居民积极参与。这些项目可以包括社区绿化、环境整治、文化场所建设等方面，通过参与这些项目，居民能够更深刻地理解社区的发展需求，同时加深对其他社区成员的了解。政府的资金和政策支持可以在项目实施中发挥积极作用，提高居民的参与度。

其二，政府可以推动电商平台开展社区志愿服务活动。通过加入志愿者团队，居民可以参与到各种社会服务中，如帮助老年人、支持残障人士等。这种志愿服务活动不仅有益于社区的发展，还促进了社区居民之间的相互了解和沟通。政府可以提供奖励和表彰机制，鼓励更多居民积极参与志愿服务。

其三，政府还可以通过支持电商平台组织文化交流活动来增进彼此了解。这包括艺术展览、文艺演出、传统文化体验等形式，为居民提供一个共同参与的平台。这些活动不仅能够加深居民对彼此文化背景的了解，还有助于形成更为紧密的社会联系。

（二）建立在线社区组织

1. 发布社区公告与信息

政府在利用电商平台建立在线社区组织方面，可以通过发布社区公告和信息，实现更为高效的社区管理与居民互动。这一举措有助于提升社区的凝聚力和居民参与感，推动乡村社区的可持续发展。

其一，政府可以借助电商平台建立一个全面的在线社区组织，作为信息传递的主要渠道。通过该组织，政府能够及时发布社区公告、政策信息、活动通知等，确保居民能够第一时间获取社区的重要相关信息。这种信息的及时传递有助于提高社区居民对社会事务的关注度,从而激发居民的参与意愿。

其二,政府可通过在线社区组织促进居民参与社区事务。在组织内设立讨论区、建议箱等互动平台,让居民能够更方便地表达自己的意见、建议,形成更为直接的沟通渠道。政府可以利用这些反馈信息更加精准地了解居民需求,有针对性地推动社区改进与发展。

其三,政府还可以通过在线社区组织激发居民的社会参与意识。通过发布社区志愿活动信息、征集社区建设方案等,鼓励居民积极参与社区建设。这种参与感将加强居民对社区的认同感,培养更为积极的社区文化氛围。

其四,政府可以通过在线社区组织加强社会凝聚力。在组织中设立互动交流区、社区活动分享区等板块,让居民能够更加自由地进行互动和社交。这种社交互动有助于增进居民之间的感情,形成更为紧密的社会联系。

2. 组织志愿活动

在线社区组织通过组织志愿活动,能够引导居民积极参与社区服务,为社区的可持续发展作出积极贡献。这种活动不仅有益于社区氛围的改善,还促使居民在共同参与的过程中建立更加密切的社会联系。

在在线社区组织的引领下,政府和居民可以共同策划并参与各类志愿服务活动。其中,环境保护是一个具有实际效益的方向。通过开展清理河道、植树造林等环保志愿活动,居民可以为改善当地环境贡献力量。这不仅提升了居民的环保意识,还促使他们在共同的环保目标下形成紧密的合作关系。

另一个方向是扶贫助学。在线社区组织可以协调居民资源,开展扶贫助学的志愿服务活动。这包括为贫困地区的学生提供学习辅导、捐赠教材与文具等。通过这些活动,居民将在共同关心教育事业的过程中培养出更为深厚的社会责任感和合作精神。

志愿服务活动的举办不仅仅是为了解决社区问题,更是通过参与共同的事业促进居民之间的互动和合作。在线社区组织可以充当协调者的角色,促进志愿者之间的沟通与协作,使得社区成员在共同的目标下形成更加紧密的社会网络。

在这个过程中,政府可以提供必要的支持和资源,例如进行志愿者培训、提供活动经费等。这有助于活动的顺利进行,同时也进一步激发了居民的社会责任感和参与积极性。

(三)引入社交化的元素

1. 社交分享机制

电商平台运营方在提升社交性方面可通过引入社交分享机制,为用户提供分享购物心得和生活经验的平台。这一机制的实施有助于促进居民之间更为密切的社会联系，拉近彼此之间的距离，创造更多社交互动的机会。

社交分享机制的核心在于为用户提供一个共享和交流的空间。通过在电商平台上分享购物心得、产品评价、使用体验等信息，居民可以更直观地了解他人的观点和选择，从而形成一种信息互通的社交机制。这样的机制不仅仅关注商品本身，更关注用户对商品的感受和体验，从而引导用户在社交分享中建立更为深厚的社会联系。

社交分享机制的实施还可以借助用户生成内容（UGC）的理念，鼓励用户创造丰富多样的内容。例如，用户可以分享购物的照片、使用心得、产品评测等，形成一个用户间相互启发和借鉴的社交氛围。这不仅增加了平台上内容的多样性，也为用户提供了更广泛的参考和选择。

通过社交分享，电商平台还可以引导用户建立虚拟社区。用户可以根据兴趣、购物习惯等因素自发组成小组，进行专业化、个性化的社交分享。这样的虚拟社区有助于让用户更多地参与社交活动，提高社区内部的凝聚力和互动频率。

电商平台运营方在推行社交分享机制时还可以通过开展用户互动活动、设立奖励机制等方式增强用户的参与积极性。例如，开展用户评选活动，奖励优秀的社交分享者，激发用户分享的热情，同时提高平台社交功能的活跃度。

2. 用户互动平台

在电商平台上建立用户间的互动平台，如评论区和社交圈等，是一项重要的举措，旨在使居民更容易发现共同兴趣和目标，从而提高社区的凝聚力和社交活跃度。政府在此方面的鼓励和引导可以通过督促电商平台运营方设计更具用户体验的功能，以提高社交性，进而增进居民的社会联系。

其一，评论区是一个重要的用户互动平台，为居民提供了表达观点、评价商品和分享经验的空间。政府可以倡导电商平台运营方研发丰富而有序的评论系统，鼓励用户积极参与。这种用户对商品和服务的评价不仅帮助其他居民作出更明智的购物决策，也拉近了用户间的距离，形成了一种信息共享的社交机制。

其二，社交圈是另一种重要的用户互动平台，通过建立用户社交网络，居民更容易找到有共同兴趣和目标的群体。政府可以鼓励电商平台在社交圈功能上进行创新，推动用户之间更为深入地交流。这种社交圈不仅关注商品，更强调用户间的社交互动，加强了社区成员之间的联系，为形成更为紧密的社会关系奠定基础。

为了提高社区的凝聚力和社交活跃度，政府可以制定相关政策，鼓励电商平台运营方加强用户互动体验的设计。例如，政府可以提供相关的奖励措施，鼓励用户在评论区和社交圈中的积极参与。这样的政策引导将有助于建立更为热络和活跃的社区氛围，促进社会联系的形成。

第四节　提升农村电子商务社会效益的策略选择

一、社会效益的定义与评估

（一）社会效益的概念界定

农村电子商务的社会效益是指在农村地区推动经济、环境和文化等多个方面产生的积极变革。社会效益不仅限于经济收益，还包括促进社会公平、推动文化传承、改善生态环境等多方面的正面影响。这体现了电子商务在农村社会可持续发展中的作用，远远超越了传统商业模式所能达到的效果。

1. 经济效益

在农村电子商务中，经济效益显著体现为其在促进农产品销售、提高农民收入以及推动当地产业发展等方面的积极影响。其一，通过电商平台的介入，农产品销售得到有效推动，为农民提供了更为广阔的市场渠道。这有助于打破传统的地域限制，使农产品更容易进入城市市场，实现销售的多元化和规模化，从而提高了农产品的附加值和竞争力。

其二，农村电子商务的发展带动了农民收入的提升。通过电商平台，农产品的直接销售渠道得以建立，避免了中间环节的过多参与，农民能够直接受益于销量的增加。这种直接连接的方式有助于提高农产品的价格竞争力，农民在销售中获得更为可观的利润，从而改善农民的经济状况。

与此同时，农村电子商务的兴起也为当地产业的发展创造了良好的环境。电商平台的运营涉及物流、仓储、包装等多个领域，这带动了一系列相关产业的发展。新兴产业的兴起为农村提供了更多的就业机会，增加了劳动力需求，形成了产业链上下游的协同发展。这不仅带动了农村地区的整体经济增长，也提高了当地居民的生活水平。

在经济效益的扩展中，农村电子商务的发展还进一步拉动了农村经济的全面发展。通过电商平台的运作，农村地区逐渐融入更广泛的市场体系，不仅有助于农产品的推广和销售，同时也为当地的服务业、物流业等提供了更多的商机。

这种全面的经济发展，使农村地区逐渐从传统的农业经济中解放出来，实现了经济结构的优化和多元化。

2. 社会公平

社会效益的实现在农村电子商务上的一种体现是促进社会公平。通过打破传统的销售渠道，电子商务为更多的农民提供了参与市场竞争的机会，从而实现了农产品价格的公正调整。这一过程对社会公平的提升产生了积极而深远的影响。

其一，农村电子商务通过提供直接销售渠道，避免了传统中间环节的过多参与，直接连接农产品生产者与消费者。这种去中介化的模式有助于减少价格的不合理涨幅，使农产品的价格更加透明、合理。农民能够更直接地将产品推向市场，避免了由于中间商的层层加价而导致的农产品价值被过度削减的情况。这样的直接连接不仅有助于提高农产品的附加值，也确保了农民能够公正地分享销售增长所带来的利润。

其二，农村电子商务的兴起有助于减少信息不对称，提高农民的议价能力。传统的销售模式中，农民面对有限的信息渠道，难以了解市场的实际需求和价格趋势。而电子商务平台通过提供丰富的市场信息、销售数据和消费者反馈，为农民提供了更为全面的市场洞察机会。这使得农民能够更准确地判断市场需求，合理定价，从而提高了他们在市场上的议价能力。实现信息的更加对称，农产品的价格能够更加合理地反映市场供需关系，有助于促进资源在社会中更加平等地分配。

其三，农村电子商务的发展有助于打破地域限制，使更多的农产品进入城市市场。传统的销售模式受限于地理位置和中间环节的烦琐，使得农产品难以打破区域束缚，进入更广阔的市场。而电商平台依托互联网的便捷性，使得农产品可以更容易、更广泛地推向全国甚至全球市场。这样的市场拓展有助于提高农产品的市场竞争力，让更多的农民得到全球市场带来的机遇，从而缩小了城乡经济差距，促进了社会公平的实现。

3. 文化传承

农村电子商务在文化传承方面发挥了积极的促进作用，主要体现在对当地特色产品的推广上。电商平台作为农产品与消费者之间的桥梁，不仅拓展了产品的销售渠道，同时也成为传统手工艺品、特色农产品等传统文化产品的推广平台。这一过程从多个方面促进了农村的文化传承，使农民更好地保持传统产业的独特性。

第一，电子商务平台为农产品提供了更广泛的市场覆盖面，使得传统手工艺品等文化产品能够迎合更多不同地域和文化背景的消费者需求。传统手工艺品常常承载着当地独特的文化元素和工艺技术，通过电商平台的推广，这些产品得以跨足城乡，进入更广阔的市场。消费者通过购买这些产品，不仅能够感受到传统文化的魅力，同时也成了文化传承的参与者和支持者。

第二，电商平台的智能化推广机制有助于提高农产品的知名度。通过社交媒体、线上宣传等渠道，农产品的特色和背后的文化故事能够更加直观地传达给消费者。这种情境化的推广不仅使得产品更具故事性，也让传统文化更生动地呈现在消费者眼前。通过这种方式，农产品不再仅仅是商品，更是一种文化的传播者，推动了当地文化的传承和发展。

第三，电子商务的全球化特性使得农产品具备更广泛的国际传播平台。通过在线销售和跨境电商，当地的特色产品可以穿越国界，走向国际市场。这不仅提高了产品的知名度，也促进了文化的跨国传播。国际市场对于特色农产品的认可，反过来也激发了农民对于传统文化的自豪感和保护欲望，推动了传统文化传承的深入发展。

4. 生态环境

社会效益的一个重要方面涉及农村电子商务对生态环境的积极改善。电子商务的推动在生态环境方面体现了多重利好，从减少传统物流和供应链环节到智能化库存管理，都为环境的可持续发展提供了有力支持。

第一，农村电子商务的发展可以有效减少传统的物流和供应链环节，降低了能源消耗和环境排放。传统销售模式中，农产品需要经过运输、仓储和分销，造成了大量的能源浪费和空气污染。而电子商务通过建立直接的线上销售渠道，减少了中间环节，使产品能够更直接、高效地从农民手中流向消费者，极大程度地减轻了环境的负担。

第二，电商平台的智能化管理可以更好地控制库存，减少食品浪费，从而促进可持续农业的发展。传统销售模式中，农产品的库存控制和订单管理通常相对滞后，容易导致过剩和浪费。而电商平台通过大数据和智能算法，可以实时监控库存情况，精准预测市场需求，有助于优化生产和供应链，减少了因库存管理不善而引发的资源浪费问题。

第三，农村电子商务的推动还促进了农业的可持续发展。通过电商平台的信息化和智能技术，农民能够更好地获取市场信息、生产指导和科技支持，提高农业生产的效益。这有助于推动农业向高效、低耗的方向发展,减少了对土地、水资源等自然资源的过度开发和利用,有助于农村生态环境的长期健康。

(二)社会效益的多维评估体系

1. 经济层面的指标

在社会效益的经济层面评估中,需综合考虑多个关键指标以全面了解农村电子商务的影响。首要的指标之一是农产品销售增长。通过电商平台推动农产品销售,有助于拓展农产品的市场覆盖面,打破传统销售模式的限制,提高农产品的销售量和销售额。这不仅为农民创造了更为广泛的销售渠道,也直接影响到农民的收入水平。因此,农产品销售增长是评估农村电子商务经济效益的重要标志之一。

其二,就业增加是另一重要的经济指标。农村电子商务的发展不仅为电商平台本身创造了就业机会,涵盖了从平台管理到物流、客服等多个领域,也由于农业发展带动了其他相关产业的就业需求。新兴产业的兴起为农村地区提供了更多的就业机会,增加了劳动力需求,为农民提供了更多的就业选择。因此,就业增加成为评估农村电子商务社会效益的关键经济指标之一。

其三,投资回报率是评估农村电子商务经济效益的关键因素。政府、企业和农民投入的资源与资金需要在一定时间内获得合理的回报。通过分析投资回报率,可以评估农村电子商务对各方投资的经济效益,确保资金的有效利用和可持续发展。

其四,还需关注农业产值的提升。农村电子商务的发展应当带动农业产值的提高,使得农产品更具市场竞争力,提高附加值。这对于农业现代化和农村地区整体经济水平的提升至关重要。通过提升农业产值,农村电子商务有助于推动农业结构的优化,实现农业的可持续发展。

2. 社会层面的指标

在农村电子商务社会效益的评估中,社会层面的指标反映了电子商务对农村社区的全面影响。其中,社区稳定是一个重要的评估指标,旨在衡量农村电子商务的发展是否带动了社区的稳定发展。社区的稳定不仅包括人口的稳定,还涉及社会秩序、居民生活水平和社会关系的稳定。

电子商务的发展对社区稳定有着多方面的积极影响。首先,通过提供更多的就业机会,农村电子商务有助于减少农村劳动力的外流,吸引更多的人留在家乡发展。这种人口的留存不仅有助于维持社区的人口规模,还促使社区形成更为稳定的社会结构。其次，电子商务的发展带动了相关产业的兴起，如物流、仓储等服务业，进一步刺激了社区内的经济活动，提高了居民的生活水平，有助于社会关系的和谐。

另一方面，文化传承是社会层面另一个关键的指标。通过关注当地特色产品的数量和质量，可以评估电商平台对传统文化的保护和传承程度。电子商务平台作为农产品与消费者之间的桥梁，为传统手工艺品、特色农产品等提供了更广泛的市场展示和销售机会。这有助于保护和传承当地独特的文化元素和工艺技术。通过电商平台的智能化推广机制，当地特色产品得以更好地推向市场，引起消费者的关注，从而促进了农村文化的传承和发展。

3. 环境层面的指标

在社会效益的环境层面评估中，关注电子商务对生态环境的影响至关重要。在这一层面，减少物流环节的能源消耗和减少食品浪费是其中关键的指标之一。此外，可持续农业的推动也成为评估社会效益的重要角度，它直接关系到农业对自然资源的合理利用程度。

第一，减少物流环节的能源消耗是环境层面评估的一个核心指标。传统销售模式中，农产品需要通过运输、仓储和分销，产生了大量的能源浪费。而电子商务通过建立直接的线上销售渠道，减少了中间环节，使产品能够更直接、高效地从农民手中流向消费者，从而降低了物流环节的能源消耗。这种模式的改变对环境的积极影响体现在减少了温室气体排放和交通运输给自然环境带来的压力。

第二，减少食品浪费是环境层面评估中的另一个关键指标。电子商务通过智能化库存管理和精准预测市场需求的手段，能够更好地控制库存，避免了因库存管理不善而引发的食品浪费问题。传统销售模式中，由于信息不对称和库存管理滞后，很容易导致过剩和浪费。而电商平台的智能化管理能够最大限度地减少过剩产生的浪费，有助于实现资源的有效利用，减轻了对环境的负面影响。

第三，可持续农业的推动也是评估社会效益的重要角度。电子商务通过提供信息化和智能化技术，使农民能够更好地获取市场信息、生产指导和科技支持，提高农业生产的效益。这有助于推动农业向高效、低耗的方向发展，减少了对土地、水资源等自然资源的过度开发和利用。通过可持续农业的推动，农村地区能够更加环保地进行农业生产，有助于生态平衡的维护和自然资源的可持续利用。

（三）社会效益评估的方法与工具

1. 社会成本—效益分析

社会成本—效益分析是评估农村电子商务社会效益的一种主要方法。通过对投资产生的社会成本和效益进行全面测算，可以客观地评估电商平台对社会的总体贡献。这种分析方法不仅关注直接的经济效益，还着重考量了社会公平程度的提升、对文化传承的促进以及环境效益等各方面的影响，以全面了解电子商务对社会的综合影响。

第一，社会成本—效益分析的核心在于对各项成本和效益进行综合权衡。在经济效益方面，分析人员会考虑电子商务平台的投资成本、运营成本以及与之相对应的直接经济效益，如农产品销售增长、就业机会增加等。这一方面的分析能够量化电商平台在经济领域的实际贡献，为决策者提供重要的经济基础数据。

第二，社会公平程度的提升是社会成本—效益分析中另一个重要的维度。通过电子商务平台的推动，农产品销售的透明度提高，农民的议价能力增强，有助于实现农产品价格的公正调整。这种公平的市场环境对农民来说是一种重要的社会效益，有助于减少信息不对称，提高社会资源的均衡分配。

在文化传承方面，社会成本—效益分析将关注电商平台对当地特色产品销售的推动，以及对传统手工艺品、特色农产品等的销售促进。通过电商平台，这些产品得以更广泛地传播，为农村文化的传承提供了新的渠道。这一方面的效益不仅是经济层面的，更是对农村文化传统的有益推动，有助于保护和传承地方文化。

第三，社会成本—效益分析也需要考虑环境效益。通过减少传统物流和供应链环节，降低能源消耗和环境排放，电子商务对环境的积极影响需要在社会成本—效益分析中得到充分体现。这包括减少物流对环境的压力、减少资源的浪费等方面的环境效益。

2. 社会影响评估

社会影响评估作为一种综合的方法，结合了定性和定量的研究手段，旨在更深入地了解农村电子商务对不同社会层面的具体影响。通过采用调查、访谈等多种手段，社会影响评估能够获取参与者和利益相关方的意见和观点，为研究者提供全面的社会效益数据，有助于深入挖掘社会效益的内在机制和潜在问题。

第一，社会影响评估通过调查与访谈，能够收集到各类参与者的真实观点和体验。从农民、电商平台运营者、政府官员到消费者等不同角色的参与者中获取信息，有助于全面了解电子商务对这些群体的实际影响。这种底层参与者的声音可以提供丰富的细节和深刻的见解，为社会影响评估提供了真实的社会反馈。

第二，社会影响评估注重数据的采集和分析。通过收集统计数据，如农产品销量增长、就业机会增加等，能够更客观地量化电子商务对经济层面的实际影响。这些数据为决策者提供了科学的依据，帮助他们更好地理解电子商务的社会效益，并在政策制定中提供支持。

第三，社会影响评估还关注潜在的社会问题和挑战。通过深入分析调查和访谈数据，研究者可以发现一些社会效益之外的问题，如社会不平等、资源分配不均等。这种问题的挖掘对于引导电子商务在农村地区的健康发展至关重要，有助于政府和企业更全面地预估社会影响，提出相应的政策和措施。

第四，社会影响评估强调利益相关方的参与。通过与农民、企业、政府等多方沟通，社会影响评估能够更全面地了解不同利益相关方的期望和关切。这种多方参与的方法有助于建立更为全面和公认的社会效益评估模型，提高研究的科学性和可信度。

3. 风险评估与管理

在进行社会效益评估的过程中，必须充分考虑潜在的风险因素，以确保电子商务的发展对社会产生积极影响。风险评估在这一过程中占据重要地位，主要包括对可能对社会效益产生负面影响的风险进行分析，其中包括潜在的信息安全风险、数据隐私泄露风险以及对当地传统产业的冲击等。

第一，信息安全风险是电子商务平台面临的一项主要挑战。由于电商平台处理大量用户个人信息、交易数据等敏感信息，一旦发生信息安全漏洞，可能导致用户隐私泄露、财产损失等问题。因此，风险评估需要重点关注电商平台的信息安全措施，包括网络防护、数据加密、用户身份验证等方面的安全措施，以降低发生信息安全风险的可能性。

第二，数据隐私泄露风险也是一个需要重点考虑的方面。电商平台收集大量用户数据，包括个人信息、购买记录等，一旦这些数据被滥用或泄露，可能对用户的个人隐私造成严重影响。因此，风险评估需要深入研究电商平台的隐私政策、数据管理规范等，以确保其合规性，降低数据隐私泄露的潜在风险。

第三，对当地传统产业的冲击也是一个需要关注的风险因素。电子商务的崛起可能对传统零售、物流等领域造成影响，导致一些传统企业的困境。因此，社会效益评估应该从产业结构调整、就业变化等角度全面考量，以制定相应的政策和措施，降低对当地传统产业的不利影响，确保社会效益的可持续性。

在风险管理方面，电商平台和利益相关方需要共同努力，建立健全的风险管理体系。这包括定期进行风险评估，制定应对措施，建立紧急响应机制等。同时，加强对用户的风险沟通和教育，提高用户对潜在风险的警觉性，也是保障社会效益的重要手段。

4. 利益相关者的参与

利益相关者的参与是社会效益评估中至关重要的环节，确保了农村电子商务发展的综合性和可持续性。这些利益相关者包括政府、企业、社区居民等，他们的意见和建议对于深入理解电子商务对社会的影响至关重要。通过开展利益相关者磋商、组织座谈会等方式，能够获取不同利益相关者的观点，实现更全面、客观的社会效益评估，避免主观片面的评估结果。

其一，政府在社会效益评估中的角色至关重要。政府作为监管者和管理者，其决策对电子商务的发展有着直接的影响。因此，政府应当积极参与社会效益评估，提供政策方向、法规支持等，确保电子商务在推动农村发展的同时，不会带来负面影响。政府的参与有助于形成科学合理的政策框架，为电子商务的可持续发展提供有力支持。

其二，企业是农村电子商务发展的主体，其经营模式和社会责任对社会效益产生深远影响。企业需要积极参与社会效益评估，与其他利益相关者共同讨论业务影响和改进方向。通过与企业的磋商，可以更好地理解其商业实践，促使企业在实现经济效益的同时，充分考虑社会、文化等方面的影响，形成可持续的商业模式。

社区居民是直接受到农村电子商务影响的群体之一。他们的参与是确保社会效益评估真实、全面的关键因素。社区居民能够提供电子商务对其生活、就业等方面的实际影响，反映电子商务对社会公平、文化传承等方面的具体影响。通过组织座谈会、调查问卷等方式，可以更好地收集社区居民的意见，形成看待电子商务社会效益的多元视角。

在利益相关者参与的过程中，建立有效的沟通渠道和协商机制是至关重要的。利益相关者之间可能存在不同的关切点和利益诉求，通过开放式的磋商和沟通，有助于凝聚共识，消除潜在冲突，最终形成全方位、多元化的社会效益评估结果。这种多元参与的方式不仅使决策更具合法性和可行性，也有助于推动电子商务在农村地区更为可持续地发展。

二、提升社会效益的具体策略

（一）电商平台社会责任与回馈机制

1. 制订明确的社会责任计划

在农村电子商务的发展中，制订明确的社会责任计划是推动社会效益提升的关键一环。这一计划的明确性和系统性对于确保企业社会责任工作的有效性和可持续性至关重要。

其一，电商平台应当设立明确的社会责任目标，明晰其在农村社区发展、教育、医疗等方面的责任范围。社会责任目标的设立应当具有可衡量性和可达成性，以便企业能够对其履行社会责任的进展进行明确的评估。

为了实现这些目标，电商平台可以考虑设立专门的公益基金。通过设立公益基金，企业可以将一定比例的利润用于支持农村社区的具体项目。这些项目可以涵盖教育、医疗、基础设施建设等多个方面，以满足农村社区的实际需求。公益基金的设立不仅是企业承担社会责任的一种具体体现，同时也为农村地区提供了重要的社会资本支持。

社会责任计划的实施方案应当具有系统性和全面性。电商平台可以通过与当地政府、NGO等合作，进行实地调研和需求分析，深入了解农村社区的实际情况，从而确定社会责任计划的具体内容。这种基于实际需求的计划制订有助于确保所实施的项目符合农村社区的实际需要，真正产生积极的社会影响。

其二，社会责任计划的长期性也是至关重要的。电商平台应当不断评估和调整社会责任计划，以适应农村社区发展的变化和不断涌现的社会问题。定期发布社会责任报告和透明沟通可以帮助企业及时了解其社会责任工作的实际效果，并接受外界监督。

在制订明确的社会责任计划的同时，电商平台还应当注重与当地社区的密切合作。通过与农村社区居民的深入沟通，电商平台可以更好地了解其实际需求和期望，从而更有针对性地制订和调整社会责任计划。建立企业与社区的紧密联系，有助于确保社会责任工作更符合当地的文化、习惯和价值观。

2. 定期组织公益活动

为了更加直接地回馈农村社会，电商平台可以通过定期组织各类公益活动来积极参与社区建设。这些公益活动不仅有助于提高农村居民的生活质量，而且为企业树立良好的企业形象，加强与当地社区的互信关系。

其一，义务劳动是一种直接参与社区建设的方式。电商平台可以组织企业员工参与农村社区的义务劳动活动，如农田劳作、道路修缮等。通过亲身参与社区建设，企业员工不仅能够更深入地了解当地社区的需求，还能够为社区提供实际的帮助。这种形式的公益活动有助于建立企业与社区居民之间更为密切的联系，促进良好的企业社会责任形象的树立。

其二，社区清洁和环保活动也是电商平台可以定期组织的公益活动之一。这包括垃圾清理、环保宣传等活动，通过提升社区环境质量，改善当地的居住环境。这种类型的公益活动既有助于解决社区的实际问题，又能够引导居民养成良好的环保习惯，提高社区居民的整体素质。

其三，电商平台还可以通过组织健康义诊、文艺演出、文化传承活动等形式的公益活动，为农村社区提供多元化的服务。例如，可以定期组织医疗团队前往农村提供免费医疗服务，同时举办文艺演出、文化展览等活动，促进农村文化传承与交流。这不仅为农村居民带来实际的物质和文化享受，也为电商平台在社区中树立更为积极正面的形象提供了机会。

定期组织这些公益活动不仅使电商平台更加融入农村社区，还能够为社区提供实际的帮助，增进企业与农村居民之间的互信关系。此外，通过这些活动，电商平台还能够更加深入地了解当地社区的需求，从而更有针对性地调整和改进社会责任计划。

3. 支持当地教育、卫生等项目

电商平台可以通过资助当地教育、卫生等项目，直接促进农村社会的全面发展。这种形式的支持不仅有助于提高农村居民的整体生活水平，同时也为电商平台树立了积极的社会责任形象。

其一，电商平台可以设立奖学金计划，资助有需要的农村学生接受良好的教育。通过提供经济援助，电商平台可以帮助更多的农村学生获得更好的学习条件，增加其接受高等教育的机会。这有助于打破教育资源不均衡的局面，促进农村人才的培养和发展。

其二，支持学校基础设施建设是另一个重要的方面。电商平台可以通过捐资助建校舍、提供教育设备等方式，改善农村学校的教学环境。这有助于提高教育质量，为农村学生提供更好的学习条件。同时，这也为农村教育的可持续发展奠定了基础。

其三，电商平台还可以开展健康宣教活动，增强农村居民的健康意识和卫生水平。通过定期举办健康讲座、免费体检等活动，电商平台可以为农村社区提供健康服务，帮助居民更好地预防疾病和保持身体健康。

（二）参与农村文化传承与推动发展

1. 支持农村手工艺品销售

电商平台可以通过设立专区或与农村手工艺品专营店合作的方式，积极支持农村手工艺品的销售。这一举措不仅有助于传承当地独特的手工技艺，还为手工艺人提供了更广阔的市场，同时通过线上销售，能够将农村特色的手工艺品推向更多的消费者，实现传统文化的传承和推广。

其一，电商平台可以通过专门的手工艺品专区为农村手工艺品创造一个特色鲜明的线上销售平台。这个专区可以聚焦于当地独有的手工技艺和特色产品，为消费者提供一个了解和购买农村手工艺品的便捷途径。依托电商平台的影响力和用户基数，农村手工艺品的销售渠道将得到有效扩大，有助于提高销售额和手工艺人的收入。

其二，电商平台还可以与农村手工艺品专营店建立合作关系。通过合作，电商平台可以向手工艺品合作伙伴提供线上销售的平台和技术支持，同时帮助他们解决物流、支付等问题。这种模式能够更好地整合电商平台的资源和农村手工艺品的创造力，实现共赢。手工艺品专营店能够通过电商平台吸引更多消费者，而电商平台也能够借助农村手工艺品的特色为自身拓展更多用户。

通过这样的合作与支持，农村手工艺品不仅能够更好地在市场上立足，同时还有助于传承和弘扬当地的文化传统。电商平台的介入使得这些手工艺品能够跨越地域限制，走向全国甚至全球市场，为农村手工艺品的传统技艺注入新的生命力。

2. 推动农村旅游业发展

电商平台可以通过与当地旅游机构的合作，积极推动农村旅游业的发展。这一合作模式涉及线上预订服务、推广当地特色景点和活动等多个方面，通过电商平台的资源和影响力，吸引更多游客到访农村地区，进而提升农村地区的知名度和促进农村旅游业的经济发展。

其一，电商平台可以与农村地区的旅游机构建立合作关系，通过线上预订服务为游客提供便捷的预订渠道。通过电商平台的用户流量和广告宣传，农村旅游项目可以被更广泛地推广，吸引更多游客选择线上预订服务，提高预订量和游客到访率。

其二，电商平台可以利用平台推广功能，通过发布特色景点和活动的相关信息，为农村旅游提供宣传和推广。通过精准的定位和推荐算法，电商平台可以向用户推送个性化的农村旅游信息，用户更容易发现并被当地的独特魅力吸引。

其三，电商平台还可以协助农村旅游项目开展线上促销活动，吸引更多用户关注和参与。通过提供折扣、优惠券等方式，提高用户的参与积极性，从而带动农村旅游业的经济效益。

这种合作模式不仅有助于农村旅游业的发展，也为电商平台拓展业务领域提供了新的增长点。通过将线上平台与农村旅游业有效结合，可以实现互利共赢，推动农村旅游业向数字化和智能化方向发展。

3.帮助当地特色产品推广

电商平台在推动农村经济发展的同时，还可以通过在线平台推广当地的特色农产品，为农民提供更广阔的销售渠道。这一策略的实施可以包括合作开展促销活动、提供专属展示区域等多方面措施，旨在帮助当地特色产品在市场中更好地竞争，从而激发农村经济的活力，提高农民的收入水平。

其一，电商平台可以与农村特色产品进行深度合作，共同开展促销活动。通过与农民合作制订和执行促销计划，可以提高特色产品的曝光度，吸引更多消费者关注和购买。电商平台可以借助自身的广告资源和用户基础，将农村特色产品推送给潜在客户，促进销量的增长。

其二，电商平台可以为农村特色产品提供专属展示区域。通过设置专门的页面或板块，集中展示当地特色产品，使其更容易被用户发现。这种展示区域的设置不仅提高了特色产品的可见性，也为消费者提供了更便捷的购物体验，有利于促进销售和推广当地特色。

其三，电商平台还可以引入定制化服务，根据当地特色产品的不同需求提供个性化的支持。这可能包括提供物流解决方案、协助产品包装和品牌推广等方面的支持，以确保农产品的质量。

通过以上措施，电商平台有望为当地特色产品创造更多销售机会，同时提升产品的品牌价值和知名度。这不仅有助于农民获得更多的经济收益，也促进了农村地区的产业结构调整和经济可持续发展。

（三）协同发展的良好局面

1.建立政府与企业合作机制

政府在提升农村电子商务社会效益方面扮演着至关重要的角色。为了实现更全面的社会效益，电商平台应与政府建立紧密的合作机制，以共同制定并推动社会责任事业。这种政府与企业的协同发展可以在制度层面为社会效益的提升创造良好条件，促使更多的企业参与社会事务。

第一，建立政府与企业的战略合作机制是至关重要的。政府可以制定相关政策，明确电商平台在农村电子商务中的社会责任，并提供相应的资源支持。同时，政府还可以借助法规和政策的引导，鼓励企业主动参与社会事务，推动其履行社会责任。

第二，建立信息共享机制有助于更好地整合资源。政府可以提供农村社会的相关数据和信息，为电商平台提供更准确的社会效益评估依据。而电商平台可以通过数据分析和技术手段，为政府提供农村电子商务发展状况的反馈，形成双向的信息流通。

第三，建立公共服务平台有助于提高资源利用效率。政府与电商平台可以合作建设公共服务平台，为农民提供培训、技术支持等服务，提高他们在电子商务领域的素养。这不仅有助于拓展电商平台的用户群体，同时也提升了农民的技能水平，促进了可持续发展。

第四，政府与电商平台还可以共同推动农村电子商务的法治建设。通过建设健全的法律体系和监管机制，规范电商平台的运营行为，保障农民和消费者的权益。政府在这一过程中不仅要加强对电商平台的监管，还要为企业提供法律保障，创造有利于企业和社会双方共同发展的法治环境。

2. 企业与社会组织协同推动

企业与社会组织的协同合作是提升农村电子商务社会效益的关键因素之一。通过积极与社会组织携手，电商平台可以更全面、有针对性地推动公益活动和社会责任项目的实施，充分发挥社会组织在社会效益领域的专业性和资源优势。

其一，建立战略合作伙伴关系是企业与社会组织协同推动社会效益的关键一环。电商平台可以与有关领域的社会组织签署战略合作协议，明确各自的责任和任务。社会组织可以在公益项目设计和实施方面提供专业指导，与电商平台共同制订推动社会效益增长的长远规划。

其二，共同参与社会责任项目是企业与社会组织协同的具体实践。电商平台可以与社会组织共同发起和推动社会责任项目，如捐赠计划、扶贫项目等。通过这些项目，企业能够直接参与农村社区的发展，社会组织则能够充分发挥其公益服务的专业性和效率。

其三，信息共享与互通是企业与社会组织协同的关键机制。双方可以通过建立信息共享平台，针对项目实施中的信息、经验进行及时沟通。这有助于提高合作的效率，确保项目的顺利实施，同时也为其他同类项目提供借鉴和学习的机会。

其四，企业与社会组织可以共同推动公益活动，通过组织各类公益活动，如健康咨询、环保宣传、技能培训等，提高农村居民的综合素质。这有助于社会组织更好地融入农村社区，推动电子商务在农村社会的全面发展。

3. 共建社会效益共赢机制

共建社会效益共赢机制是为了实现农村电子商务发展中各方利益最大化，需要政府、企业和社会组织共同努力的一项关键举措。这种机制旨在通过协同合作，整合资源、优势和专业能力，以实现社会效益的可持续提升。以下是一些建议，从建立社会效益共赢机制的角度来思考。

其一，联合开展社会效益评估是建立共赢机制的重要步骤。政府、企业和社会组织可以共同参与社会效益评估的设计和实施过程，确保评估过程的科学性和客观性。通过多方参与，可以更全面地考量电子商务对社会的影响，为后续合作提供基础数据和评估结果。

其二，共同投入资源推动项目实施是建立共赢机制的关键行动。政府可以提供政策支持和资源保障，企业可以投入资金、技术和市场资源，社会组织可以贡献专业知识和社会服务经验。这种资源共享的模式有助于实现项目的高效推进，确保各方的投入都能够得到充分的回报。

其三，建立一个协同合作的决策机制也是共建社会效益共赢机制的关键因素。政府、企业和社会组织可以通过设立联席会议、建立工作组等形式，共同参与社会责任项目的决策过程。这有助于确保各方在项目实施中的权益得到平等考量，形成共识，提高整体合作效果。

在建立共赢机制的过程中，各方应注重信息的透明共享。政府、企业和社会组织可以建立信息平台，将项目的进展、成果、问题等信息进行公开，以增加透明度，加强合作各方之间的信任关系。

其四，建立有效的监督和评估机制也是共建社会效益共赢机制的一项重要措施。通过设立独立的监督机构或委员会，对社会责任项目的执行情况进行定期评估和监测，可以及时发现问题、纠正偏差，确保共赢机制的稳健运行。

第五章　农村电子商务对乡村文化与生态的影响和优化方向

第一节　农村电子商务对乡村文化传承的促进作用

一、电子商务对传统文化的保护与传承

（一）乡村特色产品的全球销售渠道

1. 全球性销售渠道的拓展

农村电子商务平台的全球性销售渠道为乡村特色产品的推广提供了全新的机遇。通过电商平台，乡村手工艺品和地方特色产品得以突破传统的地域限制，实现了全球范围内的销售与推广。这一拓展不仅为农村经济注入新的动力，还为乡村文化的传承和发展带来了深远的影响。

第一，电商平台的全球性销售渠道为乡村特色产品提供了更广阔的市场。传统上，乡村产品受限于地理位置和有限的销售网络，很难触及国际市场。而通过电商平台，农村手工艺品和特色农产品能够便捷地进入全球市场，满足不同地区、国家的消费需求，为农民提供了更多的销售机会。

第二，这种全球性销售渠道有助于提高产品的知名度和认可度。电商平台作为全球化的交流平台，吸引了大量的国际用户。乡村特色产品通过电商平台展示给全球用户，不仅增加了产品的曝光度，还通过用户评价、分享等方式提高了产品的口碑。这种全球性认可有助于塑造乡村品牌形象，提升产品的附加值。

第三，电商平台的全球销售渠道为乡村居民提供了更多的创业机会。乡村手工艺品、特色农产品的制作技艺传统上受制于地方性需求，而通过电商平台，这些产品能够迎合不同文化、风俗的需求，为乡村居民提供了更广泛的创业可能性。这对于农村经济的多元化发展具有积极作用，有助于提高农民的收入水平。

2. 产品知名度与市场份额的提升

通过全球性销售渠道，乡村特色产品得以在市场上提升知名度，这为产品

在市场中占据更大份额提供了坚实基础。电商平台作为广泛传播信息的媒介，通过多种方式推动产品知名度的提升。

第一，电商平台提供了多元化的推广方式，包括商品广告、特色推荐、互动社区等。这些推广手段使得乡村特色产品在电商平台上得以广泛曝光，引起用户关注。巧妙设计的广告语、吸引人的图片以及详细的产品介绍，能够吸引更多用户点击浏览，从而提高产品的曝光率。

第二，用户评价成为提升知名度的重要因素。在电商平台上，用户可以对购买的产品进行评价和评论，形成真实的用户反馈。正面的用户评价可以增加产品的信誉度，激发其他用户的购买欲望。消费者更倾向于选择被多数人认可和好评的产品，因此，积极的用户评价成为推动产品知名度提升的有效途径。

第三，电商平台上的用户互动社区也是提升知名度的重要平台。乡村特色产品通过社区的讨论、分享等形式，使得用户更深入了解产品的故事、文化背景，从而提高了产品的认知度。用户互动社区不仅是产品的宣传平台，也是用户之间相互分享购物体验、使用心得的交流场所，进一步拉近了产品与用户之间的距离。

（二）数字化展示促进文化传播

1. 在线展示形式的多样性

电商平台通过数字化展示提供了丰富多样的在线呈现方式，其中包括图文介绍、视频展示、虚拟实景等多种形式。这种多样性的展示方式在推动乡村文化传播和吸引用户关注方面发挥着积极作用。

其一，图文介绍作为传统的展示形式之一，通过生动的文字叙述和高质量的图片展示，能够全面展示乡村文化的独特之处。这种形式便于呈现产品的详细介绍，有助于用户更全面地了解乡村特色产品的制作工艺、文化内涵等方面的信息。

其二，视频展示成为越来越受欢迎的在线展示方式。通过视频，用户能够直观地感受到产品的外观、使用场景等细节，从而更好地了解产品的实际效果。同时，视频展示还具有生动形象的特点，能够激发用户的兴趣，使其更容易被吸引。

其三，虚拟实景技术的运用为在线展示带来了更为沉浸式的体验。通过虚拟实景，用户仿佛置身于实际场景之中，可以更近距离地感受乡村文化的魅力。这种展示形式不仅提供了全新的体验，还增加了用户与产品之间的互动性，使传统文化更具吸引力。

这些多样化的在线展示形式共同促使乡村文化更生动地呈现在用户面前，激发用户的兴趣和好奇心。通过数字化展示，电商平台为传统文化的传播打开了更广阔的渠道，有力地推动了乡村特色产品和文化的传承与发展。

2. 文化背景介绍的深度挖掘

电商平台不仅局限于产品的外在展示，更通过深度介绍相关文化背景，向用户传递更为丰富的乡村文化信息。这种深度挖掘的做法不仅有助于提高用户对传统文化的认知水平，还能够激发其对这些文化元素的浓厚兴趣，形成更为深刻的文化认同。

第一，通过详细的文化背景介绍，用户能够更深入地了解产品背后的历史、传承和制作工艺等方面的信息。这不仅有助于用户对产品的全面了解，同时也能够引导用户关注乡村文化的独特之处，激发他们对这些文化元素的独特兴趣。

第二，深度挖掘文化背景可以帮助用户建立更为深厚的情感连接。通过讲述背后的故事、传承的历史，用户更容易将产品与具体的文化内涵联系起来。这种情感共鸣有助于形成用户对乡村文化的认同感，使其更愿意支持和传承这些文化元素。

第三，提供深入的文化介绍，还有助于拓宽用户的文化视野。用户在浏览产品的同时，通过对文化背景的深度挖掘，可以了解到更多的地方特色、传统风俗等信息，从而促使他们对多元文化有更为全面和深刻的理解。

二、文化传承的路径优化

（一）与文化机构、专业团队的合作

1. 建立深度合作机制

建立深度合作机制是农村电子商务平台推动传统文化传承的关键一环。电子商务平台应积极寻求与文化机构和专业传承团队的合作，以建立长期、稳定的深度合作机制，共同致力于制订有针对性的传承计划，确保传统文化能够有序传承并得到有效的保护与发展。

这种深度合作的机制需要涵盖多个方面，以确保其全面性和协同性。首先，平台与文化机构可以共同制订详细的传承计划，明确传统文化元素的传承目标、步骤和时间表。这样的计划应该具有前瞻性，能够适应社会变革和市场需求的发展趋势。

其次，合作关系可以包括培训传统手艺人的环节。通过与专业传承团队的

协同合作，平台可以提供相关培训资源，帮助传统手艺人更好地掌握和传承传统技艺。培训内容应包括传统技艺的理论知识、实践技能，以及适应现代市场的创新思维。

再次，建立深度合作机制的一项重要内容是记录传统技艺。通过与专业团队的协作，建立起全面的文化档案，详细记录传统技艺的各个环节，包括制作过程、工具使用、材料选择等。这有助于传承和保护传统技艺的精髓，同时也为进一步的研究提供了丰富的素材。

2. 共同开展培训项目

通过与文化机构的合作，农村电子商务平台可以与其共同开展传统手艺人培训项目，以促进传统文化的传承和发展。这样的合作关系将为年轻一代提供更全面的学习体验，使其更好地理解和掌握传统文化的精髓。

在培训项目中，电子商务平台与文化机构可以共同制订培训计划，明确培训的目标、内容和时间安排。这样的计划应该结合传统手艺人的实际情况和培训者的需求，确保培训的全面性和实用性。

培训项目的内容包括传授传统技艺和工艺的理论知识以及实践技能。通过理论知识的传递，学员可以更深入地了解传统文化的渊源、内涵和传承价值。实践技能的培训则注重手工艺品的制作过程、工具的使用、材料的选择等方面，使学员能够亲身参与传统技艺的传承和创新。

图 5-1 学员虚拟体验

最后，培训项目可以结合现代科技手段，引入虚拟现实（VR）技术等，以提供更生动、实用的培训体验。如图 5-1 所示，通过虚拟体验，学员可以更直观地感受传统技艺的魅力，促使他们更加投入学习过程。

3. 建立数字档案库

与专业团队合作，共同建立数字档案库，是推动传统文化元素长期保存和在线传播的有效途径。通过数字化手段记录和保存传统技艺的各个环节，可以实现对传统文化的全面整理和长期保护。

数字档案库的建立需要综合考虑传统技艺的多个方面，包括理论知识、实践技能、历史渊源等。专业团队可以协助电子商务平台进行系统性的归档工作，确保档案库内容的丰富和准确。

其一，建立数字档案库需要对传统技艺的理论知识进行详尽记录。这包括技艺的起源、发展历程、传承家族等方面的信息。通过系统的文献梳理和专家采访，可以构建起理论知识的完整框架。

其二，实践技能是传统技艺传承的核心。专业团队可以记录传统技艺的实际操作过程，包括工艺步骤、工具使用、材料选择等方面的内容。通过图片、视频等多媒体形式的记录，学习者能够更生动地理解和学习传统技艺。

其三，数字档案库的建立也可以涵盖对传统技艺的历史渊源和演变过程的详细追溯。这有助于更好地理解传统技艺的文化内涵，为传承提供更为全面的背景信息。

这一数字档案库的内容可以通过电商平台进行在线传播，让更多人能够随时随地访问和学习传统文化。这样的在线传播方式有助于传统技艺的更全面推广，同时也为传统文化的保护和传承提供了可行的方案。

（二）线上线下培训与教育活动

1. 构建综合培训平台

为促进传统文化的学习和传承，电子商务平台可以积极构建综合培训平台，以集结线上线下的教育资源，为学习者提供全方位的传统文化培训。这一综合培训平台的建设旨在通过多样化的教育形式，包括网络课程、在线讲座等，打破地域限制，使更多人能够参与到传统文化的学习中来。

其一，综合培训平台可以整合来自不同领域的专业教育资源，包括文化机构、专业传承团队等。通过建设多元化的课程体系，覆盖传统文化的理论知识、实践技能、历史渊源等多个方面，确保学习者全面系统地了解传统文化。

其二，综合培训平台可以通过网络课程的形式，为学习者提供灵活便捷的学习体验。通过高质量的在线教学资源，学习者可以随时随地学习，消除时间和地域的限制，实现自主学习。

其三，线上讲座是综合培训平台的重要组成部分，通过邀请专业人士、文化传承者等进行线上讲座，为学习者提供更为深入的传统文化体验。这样的线上讲座既可以传递专业知识，也能通过实例和案例展示，激发学习者的兴趣。

2. 组织实践活动

电子商务平台可通过组织线下实践活动，例如传统手工艺品制作工作坊、传统技艺大赛等，为学习者提供直接的学习体验。这种实践活动有助于学习者更深入地理解和体验传统文化，进而加深他们对文化的认同感。

其一，线下实践活动可以通过传统手工艺品制作工作坊等形式，让学习者亲身参与传统手工艺品的创作过程。通过实际操作，学习者能够更好地理解传统技艺的精髓，感受传统文化的独特魅力。此外，制作过程中的互动与交流也有助于学习者之间的沟通和合作，促进社区成员之间的交流。

其二，传统技艺大赛是另一种形式的实践活动，通过比赛的方式激发学习者的学习热情。这种竞赛模式不仅能够展示学习者的学习成果，还有助于形成学习者之间的竞争与合作氛围，提高学习的积极性和主动性。

通过这些实践活动，学习者将有机会亲身感受传统文化的魅力，从而深化对传统技艺的理解和认同。此外，这样的亲身体验也有助于学习者将理论知识与实际操作相结合，提高学习的实效性。

3. 引入互动学习元素

在线平台可引入互动学习元素，如在线讨论和答疑互助社区等，以构建学习者之间的交流平台。这一互动机制的引入旨在增进学习者之间的合作与共享，促使他们更好地学习传统文化。

其一，通过在线讨论平台，学习者可以在虚拟空间中展开有关传统文化的深入讨论。这为学习者提供了一个分享观点、交流心得的平台，促使他们对传统文化进行更全面、深入的理解。同时，讨论中的争论和交流也能激发学习者对传统文化问题的思考，促使他们更主动地参与学习过程。

其二，建立答疑互助社区，为学习者提供一个共同学习的空间。在这个社区中，学习者可以相互答疑解惑，分享学习心得，并共同面对学习中的困难和挑战。这种协同学习的模式有助于形成学习社群，增加学习者的凝聚力，为传统文化的学习提供更多的支持。

通过引入这些互动学习元素，在线平台能够突破传统学习方式的局限，创造更为开放、灵活的学习环境。学习者可以在不受地域限制的情况下，与来自不同背景的学习伙伴共同学习，形成更加多元的学习社群。这种多元性不仅有助于拓宽学习者的视野，还能促进传统文化的多元传承。

（三）利用现代科技手段

1. 引入虚拟现实（VR）技术

电子商务平台可以积极探索引入虚拟现实（VR）技术，将传统文化体验融入在线平台。通过 VR 技术，如图 5-2 所示，用户可以身临其境地感受传统手工艺品的制作过程，体验更为真实和生动。

图 5-2　用户可以身临其境地感受传统手工艺品的制作过程

2. 开发传统文化 App

为促进传统文化的学习和传承，平台可以充分利用现代科技手段，开发专门的传统文化 App。这一 App 的设计旨在集成各种传统文化学习资源和互动体验功能，使用户能够随时随地通过手机或平板电脑进行传统文化的学习和体验。

其一，传统文化 App 可以集结丰富多样的学习资源，包括文字、图片、音频、视频等形式的资料。通过多媒体手段，用户可以更直观地了解传统文化的内涵和历史，提升学习的趣味性和深度。此外，App 还可以提供交互式的学习模块，例如智力游戏、趣味测验等，激发用户的学习兴趣。

其二，传统文化 App 可以通过虚拟现实（VR）和增强现实（AR）技术，为用户打造沉浸式的学习体验。通过这些技术手段，用户可以在虚拟场景中亲身感受传统文化的魅力，仿佛置身于历史之中。这种沉浸式的学习方式有助于加深用户对传统文化的理解和记忆。

其三，App 还可以设置社交互动功能，构建传统文化学习社群。用户可以在 App 内与其他学习者分享心得、交流经验，共同学习、进步。社交互动的机制有助于建立学习者之间的互助合作关系，形成一个共同进步的学习氛围。

其四，传统文化 App 还可以整合在线培训、讲座直播等功能，为用户提供更加多样的学习途径。这种多元化的学习方式不仅满足了不同用户的学习需求，也推动了传统文化的更广泛传承。

3. 整合在线展示与教学

为促进传统文化的数字化传承，平台可采用数字技术，将在线展示与教学相互整合。通过丰富的多媒体内容，用户得以生动地领略传统文化的内涵，同时获得系统的学习途径，实现传统文化在数字时代的传承。

在数字时代，通过在线展示，传统文化可以以更生动的形式呈现给用户。多媒体内容，如图文、音频、视频等，能够在视觉、听觉上全方位地传递传统文化的信息。这种生动的展示方式有助于引起用户的兴趣，使其更愿意深入了解传统文化。

同时，数字技术也提供了多样的在线学习途径。平台可以设置互动式学习模块，如智力游戏、虚拟实景体验等，使用户在参与中学习，提高学习的趣味性和深度。在线教学还可以采用个性化学习的方式，根据用户的兴趣和水平，量身定制学习路径，提高学习效果。

此外，平台还可以结合社交元素，构建学习社群，使用户能够在学习中互相交流、分享心得。社交互动有助于形成学习者之间的合作氛围，共同推动传统文化的数字化传承。

第二节 农村电子商务对乡村生态文明建设的推动作用

一、电子商务在环保和可持续发展中的作用

（一）降低物流成本，减少碳排放

1. 优化供应链结构

农村电子商务通过一体化运作，有效优化了传统零售的供应链结构，为乡村的经济和生态环境带来积极变革。这种变革的核心在于直接连接生产者和消费者，减少了中间商的环节，从而降低了产品流通的时间和距离。这一优化在

多个方面产生了深远的影响。

第一，农村电子商务的供应链优化使得物流更加高效。通过直接从生产者处采购商品，电商平台实现了库存的即时更新，减少了产品在仓储和物流环节的停留时间。这有效地提高了物流效率，降低了能源消耗。同时，采用智能化的物流技术，如物联网和大数据分析，使得物流过程更为精准和可控，有望进一步减少碳排放。

第二，这种供应链结构的优化对于降低环境负担具有显著作用。减少中间商的环节不仅降低了运输过程中的碳排放，还避免了对自然资源的过度开发。传统零售模式中的多层中间商往往导致信息传递滞后、资源浪费增加。电商平台通过直接连接，能够更快速地传递信息，降低过剩产能，从而有助于维护生态平衡。

第三，供应链的优化对于推动乡村低碳经济具有重要意义。通过减少能源消耗和碳排放，农村电子商务为低碳经济的建设提供了实质性的支持。这种低碳经济的推动有助于提高农村地区的生产效率，促进可持续发展，同时也有助于改善农村居民的生活质量。

2. 采用智能物流技术

电子商务平台在推动农村可持续发展的过程中，可以积极引入智能物流技术，以提高物流的智能化水平。这一技术的应用有望在多个方面促进农村电子商务的可持续性，从而实现经济、社会和环境的协调发展。

第一，通过引入物联网技术，电商平台能够实时监测货物的运输情况。传感器和物联网设备可以连接到运输工具和货物上，收集关键的运输数据，如温度、湿度、位置等。这些数据的实时监测可以帮助平台迅速发现异常情况，如货物损坏、延误等，从而及时采取措施，减少资源浪费，提高运输效率。

第二，大数据分析在智能物流中的应用也是至关重要的。通过对大量的物流数据进行深度分析，电商平台可以优化路线规划，选择最经济、最环保的运输路径。大数据分析还有助于预测市场需求，优化库存管理，减少过剩产能，进一步提高农村电子商务的运营效率。

第三，智能物流技术还可以提高运输工具的利用率。通过实时调度和智能路线规划，降低空载率，减少不必要的行驶里程，从而减缓对能源的消耗，降低运输过程中的碳排放。这对于推动农村电子商务向着低碳、高效的方向发展具有积极的意义。

（二）引导生产者采用环保生产方式

1.制定绿色标准

电商平台与专业机构合作，共同制定绿色标准，是推动农村电子商务可持续发展的一项关键举措。通过建立明确的环保生产标准，电商平台能够在农村生产者中树立环保意识，引导他们朝着更可持续的农业生产方式发展。这一举措有望在经济、社会和环境层面取得多方面的积极效果。

第一，制定绿色标准有助于规范农产品的生产过程。通过明确环保、可持续的生产要求，电商平台能够要求生产者采用更环保的农业技术、减少化肥农药的使用、推动有机农业等措施。这有助于减少农业活动对土地、水资源的过度开发，为农村的生态环境保护提供有效途径。

第二，制定绿色标准能够树立消费者的环保意识。通过在平台上标注符合绿色标准的产品，电商平台可以引导消费者更多地关注环保、可持续的购物选择。这种消费行为的改变有助于推动市场需求朝着更为环保的方向转变，形成良性循环，促使生产者更加积极地参与环保农业。

第三，通过与专业机构合作，制定具有科学性和权威性的绿色标准。这有助于建立起一批具备环保认证的农产品品牌，提高农产品的市场竞争力。生产者在争取绿色标准认证的过程中，也会更加关注环保要求，形成对农业生产模式的积极引导。

2.鼓励有机农业和可再生能源的应用

电商平台鼓励有机农业和可再生能源应用是促进农村可持续发展的关键措施。通过激励政策和奖励机制，平台能够在农业生产中引导生产者采用更环保的生产方式，从而实现对土地、水资源和能源的可持续利用。以下是有关该主题的一系列措施：

第一，通过激励政策，电商平台可以为采用有机农业的生产者提供经济奖励或税收优惠。有机农业减少对化肥和农药的使用，有利于土地的生态平衡，而生产者在采用这种环保方式时，可以获得一定的经济回报。这种奖励机制有望鼓励更多的生产者投身有机农业，推动整个农业生产向更可持续的方向发展。

第二，电商平台可以通过奖励机制鼓励生产者采用可再生能源，例如太阳能、风能等。引入可再生能源减少了对传统能源的依赖，有助于降低温室气体排放量，推动农村能源的可持续发展。鼓励生产者在生产和运输过程中采用清洁能源，有助于构建更环保的农业产业链。

第三，电商平台可以在平台上设立有机农产品和可再生能源专区，优先推广符合绿色标准的产品。这样的专区能够引导消费者更加关注环保、可持续地购物选择，形成对生产者的积极引导，促使他们更加关注环保要求。

二、生态文明建设的优化方向

（一）引导生产者使用环保包装材料

1. 制定环保包装标准

电商平台与专业机构合作，共同制定明确的环保包装标准，为推动生产者朝着更环保的方向发展指明了重要的方向。这一标准的制定旨在规范包装行业，强调在包装过程中采用可降解或可回收的材料，从而减少对环境的不良影响。该标准涵盖了多个方面，包括对包装材料成分的具体规定，要求生产者在生产过程中遵循一系列环保要求。

其一，标准明确规定了包装材料的成分，强调采用可降解或可回收的材料。这有助于减少对自然资源的过度消耗，并降低对环境的负面影响。通过推动生产者使用环保材料，可以减少塑料等对大气和水域的污染，进而保护生态系统的稳定性。

其二，标准关注生产过程中的环保要求。生产者需要遵循一系列环保措施，确保在生产过程中减少能源消耗、污染物排放和废弃物产生。这可以通过采用清洁生产技术、提高能效和循环利用资源等手段来实现。标准的设立将生产者的责任从仅仅关注产品包装转移到整个生产链，促使其在生产过程中更加注重采用环境友好的做法。

其三，该标准还可规定包装的设计要求，鼓励生产者采用更简约、可重复使用的设计，减少包装的浪费。这有助于降低资源消耗，推动包装行业向更加可持续的方向发展。

其四，电商平台与专业机构合作制定的环保包装标准，不仅为生产者指明了明确的方向，还在一定程度上引起了消费者对环保产品的关注。通过标准的推动，消费者更容易认识到环保包装的重要性，从而形成对环保产品的需求，促使市场向更加可持续和环保的方向发展。

2. 提供环保包装解决方案

电商平台在推动环保包装使用方面可采取切实可行的解决方案，其中之一是通过设立专业团队或与专业机构合作，为生产者提供个性化的环保包装解决方案。这一举措旨在为生产者提供具体、可操作的指导，降低其在转向使用环保包装过程中的难度,从而推动更多生产者加入使用环保包装的行列。

其一,电商平台可以组建专业团队,该团队包含专业的环保包装顾问和专家,他们具有丰富的包装行业知识以及环保领域的专业经验。这样的团队可以通过与生产者深入沟通,了解其产品特性、市场定位以及可持续发展的目标,为其量身定制环保包装解决方案。通过专业的咨询服务,生产者可以获得关于可降解和可回收材料、最佳包装设计实践等方面的建议,有助于在不同产品领域中选择最合适的环保包装方案。

其二,电商平台还可以与专业机构合作,借助其专业知识和资源来提供环保包装解决方案。合作机构可以通过研究最新的环保包装技术、材料和设计趋势,为电商平台和生产者提供有针对性的建议。这种合作关系有助于拓展平台在环保包装领域的专业影响力,并通过将专业机构的研究成果转化为实际操作指南,促进更广泛的环保包装应用。

除了材料选择和包装设计的建议外,环保包装解决方案还可以包括整个供应链的环保优化。这意味着生产者可以通过改善采购、生产、运输和包装废弃物处理等环节,全面提高整体环保性。电商平台的专业团队或与专业机构的合作可以为生产者提供全方位的支持,使其更好地理解和使用环保包装。

(二)倡导绿色消费观念

1. 信息传播与广告

电商平台作为信息传播的主要渠道,拥有广泛的用户群体和强大的影响力,因此可以通过多种方式倡导绿色消费观念,从而在社会层面推动可持续发展。其中,广告和推荐机制成为两个重要的手段,有望引导用户更加关注环保、可持续发展的话题,并在购物时更多地考虑产品的环保属性。

其一,电商平台可以通过制作环保主题的广告来传递环保信息。这包括创意广告、宣传片等形式,以生动的画面和深刻的情感沟通,引发用户对环保的共鸣。这些广告可以突出绿色产品的优势,强调可持续生产和包装的重要性,通过感染力强的故事情节,激发用户对环保的兴趣和认同感。通过巧妙的营销策略,电商平台能够将环保理念融入广告中,从而引导用户在消费过程中更加注重环保。

其二,推荐机制是电商平台推动绿色消费观念传播的重要途径。平台可以通过智能推荐算法,向用户推送与其购物历史相关的环保产品或品牌。通过将绿色产品融入推荐系统,电商平台可以在用户浏览商品时提供有针对性的推荐,引导用户尝试更多环保选择。这种个性化的推荐不仅提高了用户体验，同时也促使用户对环保产品有更深刻的认知和了解。

通过广告和推荐机制的有机结合，电商平台有望在信息传播过程中形成更为全面的绿色消费观念。这一努力不仅关注单一环节，而是通过多方位的引导，致力于全方位地渗透在用户的购物行为中。此举旨在培养用户的环保意识，使其在购物时更加注重产品的环保属性，从而促使生产者更多地关注环保生产和包装，形成一个良性的循环。

2. 提供绿色消费指南

电商平台作为连接消费者和产品的桥梁，具有促进绿色消费的潜力。为此，平台可以通过建立绿色消费专区或提供绿色消费指南等方式，向用户传递关于环保和可持续发展的知识，以引导用户更加理性地进行购物决策。这样的绿色消费指南通过文章、视频等多种形式，向用户介绍绿色产品的特点、选择环保品牌的方法等信息，旨在提高用户对环保消费的了解，培养他们形成绿色消费的习惯。

在建立绿色消费专区方面，电商平台可以设立专门板块，集中展示符合环保标准的产品。该专区可以包含绿色品牌、可持续包装、低碳生产等多方面的信息，以提供全面的环保产品选择。通过专业的编辑和策划，平台可以制作精彩的文章、视频，深入解析每个产品的环保特点，向用户传递绿色消费的理念。这不仅为用户提供了更便捷的购物通道，也是促使用户更深入了解环保产品的有效途径。

此外，绿色消费指南应该更加注重知识传递。通过文章，平台可以解释环保标志的含义，介绍环保材料的种类，甚至深入分析绿色品牌的可持续经营理念。通过视频，平台可以展示环保生产的全过程，呈现绿色品牌的责任担当。这种知识传递有助于提高用户对环保消费的认知水平，使他们在购物时更具有理性和明智的消费意识。

绿色消费指南还应该关注用户参与的互动性。电商平台可以通过社交媒体、在线讨论区等，促进用户分享和交流绿色消费的心得体会。这种社群互动有助于形成绿色消费者社群，使用户能够分享经验、获取建议，从而更加深入地融入绿色消费的生活方式。

（三）建立生态产品专区

1. 产品认证机制

电商平台在促进绿色消费的同时，可以通过建立生态产品专区和设立产品认证机制，进一步推动环保标准的普及和提高符合标准的商品在市场中的认可度。通过与权威认证机构合作，电商平台能够确保产品的环保性，从而提高消费者对生态产品的信任度。这一认证机制有助于构建一个可靠的生态产品专区，吸引更多的消费者选择环保商品，从而促使市场朝着更加可持续的方向发展。

在建立生态产品专区方面，电商平台可以通过独立设置板块或特别标识来突显生态产品。该专区可以涵盖包括绿色品牌、环保包装、低碳生产等多个方面，为用户提供一个便捷的购物通道，使他们更容易找到符合环保标准的商品。通过专业编辑和策划，电商平台能够制作相关文章、视频等形式的内容，向用户详细介绍专区内产品的环保特点，以及为什么这些商品值得信赖。这不仅为用户提供了更为直观的购物体验，也是对平台推动环保消费的积极宣传。

同时，为了确保专区内商品的环保性，电商平台可以引入权威认证机构，为符合环保标准的商品进行认证。这些认证机构可以是行业协会、环保组织或者专业检测机构，其权威性和专业性将有效地为消费者提供可靠消息。通过设立权威的认证机制，电商平台能够帮助消费者识别和选择真正符合环保标准的商品，减少信息不对称的问题，提高市场透明度。

认证机制的建立有助于打破绿色产品市场中的信息不对称问题。权威认证机构可以通过对商品的原材料、生产过程、包装等方面进行审核，为商品颁发符合环保标准的资质，从而确保其真实性和可靠性。这不仅有助于平台建立起一个受信任的生态产品专区，同时也为消费者提供了明确的购物参考，推动更多人选择环保商品，形成一个可持续的购物环境。

2. 提供详细产品信息与推广

电商平台在推动生态产品的市场认知和推广方面，可以采取一系列手段，包括提供详细的产品信息、强调生产背景和环保认证，并通过广告宣传、推荐等方式增强消费者对生态产品的了解。全面的信息传递过程有望提高生态产品在用户中的知名度和认可度，从而形成生态产品在市场上的优势，推动更多生产者朝着环保的方向发展。

其一，电商平台可以通过提供详细的产品信息来加强消费者对生态产品的了解，这包括产品的详细描述、原材料的来源、生产工艺的介绍等方面的信息。平台可以与生产商合作，展示产品的特点、优势和独特之处，以满足消费者对产品详细信息的需求。通过提供透明的产品信息，平台能够增加用户对生态产品的信任感，使其更加愿意选择这类环保商品。

其二，平台可以强调生产背景和环保认证。通过突出生产商的环保理念、社会责任以及参与环保项目的情况，电商平台有望为生态产品建立起更为全面的品牌形象。此外，平台还可以推动生态产品获得环保认证，例如认证机构颁发的可持续发展标志，从而为产品提供权威的环保认证，提高产品的可信度。这种对认证的强调有助于消费者在购物过程中更加有针对性地选择环保产品，形成绿色消费的习惯。

其三，电商平台可以通过广告宣传和推荐等方式，积极推动生态产品的市场推广。平台可以制作生态产品的宣传视频、文章，深入解析产品的环保特点和与环保相关的生产实践。通过广告投放和推荐系统，将这些宣传资料精准地传递给目标用户，增加产品在用户中的曝光度。通过在首页、专题页面等位置推荐生态产品，平台能够引导用户更容易发现和了解这类产品，从而增加其在购物决策中的选择概率。

三、农村电商与乡村旅游融合发展

在互联网的浪潮下，我国各行各业均面临着升级转型的挑战和机遇，这些变革直接影响着国家经济的整体建设和发展。特别是农村三大产业，在国家经济中扮演着至关重要的角色。为有效解决"三农"问题，必须合理利用农村当地资源，构建具有特色的农业全产业链，优化增值收益分享机制，培育产业集群，提升竞争力，从而为农村经济创造更为广阔的发展空间。在各种产业中，农村旅游业一直是带动农村经济发展的重要引擎。为发挥农村旅游业的优势，将其与农村电商融合成为必然选择。通过电商的发展，促进各类农产品的销售，提升农村产业的知名度，进而吸引更多游客。这一融合不仅能够促进农村经济的多元化发展，也为农产品的推广和销售提供了新的渠道和机遇。

（一）乡村旅游概念及特征

乡村旅游是我国旅游业中一种多样的形式，包括观光型、休闲型、度假型、体验型、购物型等多种类型。其核心理念是展示农村独特的自然环境和人文特色，将休闲娱乐作为主要旅游目的。乡村旅游在传承传统旅游模式的同时，还结合了当前时代的特色和发展趋势，呈现出创新性的特点，因而备受欢迎。

从狭义上看，乡村旅游是在农村地区进行的旅游活动，其主要吸引力源于丰富的自然景色和深厚的人文资源。该旅游形式以农村为背景，融合地域性的特色，主要面向城市游客，也能吸引一部分乡村居民。乡村旅游的特征凸显在如下几个方面：

首先，具有浓厚的乡村氛围。许多农村地区都拥有引人入胜的自然景观，乡村旅游以此为基础，具有鲜明的地域性特点。

其次，注重产品体验。大多数乡村旅游的游客来自城市，他们渴望在乡村旅游中体验宁静舒适的田园生活、恬静的自然风光，感受独特的乡村文化，获取富有趣味性的观光体验。

再次，促进当地经济发展。乡村旅游业能够吸引更多外地游客，进一步扩大当地消费市场，从而带动地方经济的增长。

复次，强调旅游资源的可持续发展。乡村旅游地的本土景观和历史文化景观具有独特特色，吸引大量游客。在发展过程中，必须考虑可持续性，以防止环境污染等问题。

最后，呈现多样性。由于不同地区的气候、文化等各异，乡村旅游的特色也各具千秋，应该善于利用这一多样性，丰富乡村旅游的特色亮点。

（二）"乡村旅游+农村电商"融合发展的方向

1. 基于"旅游+电商"思路，探索产品生产农场化

在乡村旅游的发展过程中，农产品的销售扮演着至关重要的角色，不仅能够推动当地乡村经济的繁荣，还有助于吸引更多游客参与旅游活动。通常，乡村地区拥有丰富的自然资源，农业是主导产业，因此农产品的种类非常多样，而且这些产品具备新鲜、天然、原生态的优势，深受广大消费者的喜爱。然而，在农产品生产的过程中，存在生产方式分散、收费标准不一等问题，这对产品的推广和销售产生了一定的阻碍。

为解决这一问题，应逐步推动农产品生产向规模化发展，充分发挥当地龙头企业的引领作用，鼓励并引导更多农户参与到农产品生产中来。同时，对农产品的生产过程应制定明确的标准和规范，推动农业产业化生产的实施，提高农产品的生产效率和规模，为"旅游+电商"模式的发展奠定坚实的基础。

在这个过程中，要激发农户的参与热情，通过培训和技术支持，提高农户的生产水平。建立统一的收费标准和质量管理体系，确保农产品的质量和价格在一定范围内具有竞争力。此外，建立农产品的信息平台，借助电商渠道，实现产品的线上线下销售，扩大产品的市场覆盖面，提高产品的知名度。

2. 基于"旅游+电商"思路，探索乡村旅游产品农业化

基于"旅游+电商"思路，对乡村旅游产品实施农业化的探索已经成为一种创新的发展方向。许多乡村旅游胜地以其宜人的自然风光和悠闲的田园生活

吸引着大量城市游客。这使得越来越多的乡村旅游业从业者意识到资源的有效利用对业务发展的重要性，他们不断挖掘农村的自然和人文资源，以推动旅游观光事业的进一步发展，同时带动农民经济收入的提升。然而，尽管业界在不断努力改进，但仍存在一些问题，如宣传不足、认识不深等，这些问题对乡村旅游业的发展产生了一定的负面影响。

为了解决这些问题，将电商与旅游融合成为一种有前景的解决途径。电商平台可以拓展乡村旅游产品的销售范围，使其逐渐呈现出农业化的特色。这种新颖的形式和丰富的内容，既提高了乡村旅游产品的吸引力，也满足了更广泛的消费者需求。电商和乡村旅游的整合不仅在形式上实现了创新，同时在内容上也实现丰富。

整合电商和乡村旅游，实现线上与线下的协同发展，对于促进当地经济的进步具有积极作用。通过电商渠道，可以更广泛地宣传乡村旅游的特色，吸引更多游客。同时，电商还提供了更便捷、高效的购物体验，进一步提升了游客的满意度。通过电商平台，不仅能够销售传统的旅游纪念品和特色农产品，还可以推出定制化的乡村体验活动，丰富了产品线，满足了多样化的市场需求。

3. 基于"旅游+电商"思路，探索农产品品牌建立

基于"旅游+电商"理念，探索建立农产品品牌成为当前我国农业发展的一项重要任务。当前，我国许多农产品存在同质化问题，尽管产品种类繁多，但质量参差不齐。在产品经销过程中，许多农民未能明确定位产品，缺乏对产品特色的突显，缺乏品牌意识，导致农产品在市场上知名度和竞争力不足。

在"旅游+电商"模式下，有必要重新审视农产品的定位，打造具有独特特色的品牌，并以线下旅游为主导，辅之以农产品销售。将绿色、有机、天然作为农产品的特色属性，建立农业品牌并积极进行推广成为必然选择。线上渠道应采用直销方式，建立完善的电子商务服务站。不仅要将产品销售给游客，还应拓展网络代购和网络直销等方式，以提升产品的影响力，从而加强农产品在市场上的竞争力。

为了实现这一目标，农产品经营者需要在品牌建设方面付出更多努力。首先，明确产品的特色和差异化，突出绿色、有机等优势。其次，通过线下旅游体验，让游客更深刻地了解农产品的生产过程，加深对品牌的印象。同时，在电商平台上，通过直销模式提供高质量的产品，并注重用户体验，建立良好的口碑。

整合线上线下资源，推动农产品品牌的建设，有助于提高产品的市场认知

度和美誉度。通过多样化的销售渠道，农产品更好地满足不同消费者的需求，增强竞争力，推动农业经济的可持续发展。

（三）乡村旅游及农村电商融合发展的策略

1. 结合产业资源，完成产品生产整合

在"旅游+电商"模式的推动下，可以采用多种合作模式如A2A、A2C、C2C等，具体选择需考虑当地实际情况。电商领军企业应发挥引领作用，为乡村提升知名度作出贡献，获得政府政策支持，创建良好的电商氛围，鼓励村民积极参与网店开设。产业资源的整合和融合是关键，可通过将旅游公司、村委会和农户联合起来，由旅游公司提供服务，包括规则制定和培训等。村委会负责与农户协商并签署协议，农户提供资源并分享利益，从而避免农户与公司之间的利益冲突。政府、公司、农村旅游协会和旅行社合作的模式也可采纳。

在产业链的整合上，应注重产品生产的协同，形成完整的产业链，并促进各功能模块的有机嵌入。许多企业通过将自身发展与旅游结合，拓展市场，获取更多效益。乡村旅游和农村电商有很多融合点，包括发展理念、客户定位和生产地等，因此任何板块的整合都有助于二者的顺利发展。在产品生产整合中，可采用上下游链条延伸模式。由于乡村旅游的游客主要来自城市，拥有较高的收入水平和对绿色健康产品的需求，农产品加工产业链因此可获得更多商机。随着"旅游+电商"模式的发展，电商资源逐渐成为新的旅游资源，包括农产品种植基地和绿色生态园等，受到游客的热烈欢迎。

2. 结合当地资源，设计全域旅游方案

为实现乡村旅游与农村电商的有机融合，必须紧密结合当地资源，构建全域旅游方案。首先，充分发挥政策支持的作用，将政策条件作为融合的基础。国家已经颁布了一系列支持农村经济发展的政策，农村政府应充分利用这些政策，并积极宣传政策方案。其次，应充分发挥内在环境资源的优势，加强各产业之间的关联性。将乡村旅游产品作为电商的关键投入要素，并提供技术支持，促进电商服务平台的不断升级。进一步，要善于利用外部条件。一方面，满足市场需求，建设网上农贸市场，推动特色旅游和特色经济的发展。另一方面，促进技术创新，应用先进的信息技术和网络技术。

全域旅游的构建要以农村度假游为主导，选择县城作为辐射中心，向周边城市和区域扩散。各乡村要发挥自身的资源优势，为全域旅游发展提供支持。在发展过程中，通过依托景区吸引物，增设消费场所，引导游客通过核心景点

和优质服务，推动产业规模扩大和类型增加。旅游规划应覆盖村域和县域，促进餐饮、住宿、娱乐、交通等行业的同步发展。利用"互联网+"政策优势，通过农村电商克服地理限制，实现农户与消费者的连接，为旅游产品的推广和销售开辟新的渠道和路径。

3.结合地域特色，打造农产品的品牌

在乡村旅游与农村电商的融合中，充分结合地域特色是打造农产品品牌的关键。通过积极构建农产品品牌，形成良好的品牌效应，可以有效促进产品销售。建议根据当地特色，打造农村旅游集群区域品牌，充分利用不同区域的资源优势，挖掘潜力，突显产品特色，并将文化资源融入，提高品牌知名度。首先，注重融入特色理念，着重打造特色产品、服务和管理，奠定品牌建设的基础。其次，融入生态理念，坚持健康和原生态的产品特点，采取先进技术和经营手段，利用自然资源构建生态品牌。最后，融入文化理念，提升旅游产品的文化价值，增强产品的生命力，提高游客的文化体验。深挖农耕文化、民族文化、历史文化和民俗文化，打造具有文化底蕴的品牌。

在营销渠道上，加强新媒体的利用是至关重要的。通过直播带货、公众号营销等方式进行宣传和推广，提升产品知名度，吸引更多消费者，形成强大的品牌效应。以广东省的妃子笑荔枝为例，该合作社通过电商平台推广当地的妃子笑荔枝，扩大了产品销售渠道，成为当地产业核心。通过淘宝、贝店、京东、天猫等多平台店铺，不仅提高了销售额，也吸引了更广泛的消费人群，品牌在市场上树立了良好的形象。为了保障产品质量，妃子笑荔枝合作社建设了种植基地，逐步转向旅游产业，并通过乡村振兴政策促进了村集体经济的发展，实现了品牌的优质化和品牌化建设。

总体而言，充分结合地域特色，通过融入特色理念、生态理念和文化理念，以及利用新媒体的营销渠道，可以有效打造农产品品牌，提升产品的竞争力，实现乡村旅游和农村电商的良性发展。

第三节 实现农村电子商务文化与生态价值的优化路径

一、文化与生态价值的整合与平衡

（一）设立绿色生态认证体系

在农村电子商务中，设立绿色生态认证体系是实现文化与生态共同提升的关键一步。这一认证体系的设立背景在于应对日益严重的环境问题和社会对可持续发展的迫切需求。随着消费者对产品环保属性的关注不断增加，绿色生态认证体系将有助于标志符合生态标准的产品，提升这些产品在市场上的竞争力。

1. 认证体系的涵盖范围

认证体系的设计应当具有全面性，涵盖产品的全生命周期，包括生产、运输、包装、使用和废弃等各个环节。这一全面性的认证体系旨在确保产品在整个生命周期内都符合可持续发展和生态友好的要求，从而推动企业更加综合地考虑环保因素。

在生产过程中，认证体系的关键考核点应包括原材料选择、能源消耗和排放情况等。原材料选择直接影响产品的环保性，合理选择可再生、可回收的原材料是可持续发展的核心。对于能源消耗和排放情况的评估，有助于企业降低生产过程中的环境影响，提高生产的资源利用效率，从而符合认证的要求。

此外，认证体系还应涵盖产品的运输环节。运输对于产品的环境影响主要体现在能源消耗和排放方面。因此，在认证体系中，应对产品的运输过程进行评估，鼓励企业采取低碳、高效的运输方式，以减少对环境的负面影响。

包装是另一个重要的认证考核点。包装材料的选择、可降解性和再利用性直接关系到产品的环保性。认证体系应要求企业在包装设计中考虑材料的环保属性，倡导使用可降解材料，或者提供可回收的包装方案。这有助于降低包装对环境的负担，推动企业朝着更环保的包装方式发展。

对于产品的使用阶段，认证体系还可以考虑产品的能效、耐用性等方面。通过评估产品在使用过程中的环保性能，鼓励企业设计出更加节能、环保的产品，提高产品的寿命，减少资源消耗和废弃问题。

最后，认证体系还应关注产品废弃阶段。对于产品废气的管理和处理，认证体系可以要求企业提供相应的计划和措施，确保产品在退役后对环境的影响最小化。这包括产品的可回收性、可分解性等方面的考量。

2. 认证标准的制定与更新

认证标准的制定是一个涉及多方利益关系的复杂过程，为了确保其科学性和公正性，需要广泛参与各方的合作。制定认证标准的参与者包括环保专家、学者、企业代表等，这样的多元化参与有助于充分考虑各方的意见和需求，提高标准的权威性和可操作性。

首先，环保专家和学者的参与是关键的，他们能够提供在环保领域的专业知识和科学依据。这些专家可以对不同产业的环境影响、可持续发展原则等进行深入研究，为认证标准的制定提供科学支持，确保标准的合理性和可靠性。

其次，企业代表的参与也是必不可少的。生产者对于标准的实际操作性有着深入的了解，他们的参与有助于制定出更为切实可行的标准。同时，企业代表的参与还能够促使生产者更积极地接受和遵守认证标准，推动整个产业向更环保、可持续的方向发展。

在认证标准的制定过程中，透明、公正的原则应当得到充分体现。定期召开公开磋商、听取各方意见，确保标准的制定过程公开透明。这有助于避免利益相关者感到被忽视，提高标准的可接受度和广泛认可度。

另一方面，认证标准应当定期更新，以适应社会、技术和环境的变化。随着科技的不断进步和环境意识的提高，认证标准需要保持与时俱进，确保其在不同时期都能够反映最新的科技水平和社会需求。定期更新的标准有助于促使生产者不断提升产品质量，适应新的环保技术和方法，形成一个持续改进的过程。

为了保证认证标准的科学性、公正性和时效性，标准的制定和更新过程需要建立起一套科学的评估和审定机制。这包括定期的专家评估、公开磋商、多方参与的决策机制等，以确保认证标准的制定和更新过程既科学又公正。这样的机制有助于提高认证标准的权威性，推动生产者更好地符合标准，促使整个产业向着更为可持续的方向发展。

3.认证过程的透明性与公正性

认证过程的透明性与公正性是确保认证制度有效运作的基础。透明的认证过程意味着整个过程对于生产者和社会公众是开放且清晰可见的，而公正性则强调认证机构在评估过程中的独立性和公正性。这两者的结合有助于确保认证结果的真实性和可信度。

首先，透明的认证过程需要包括明确的评估流程。这包括生产者申请认证、认证机构的初步评估、实地考察、数据收集、评估报告的编制等一系列环节。这些步骤需要在认证机构的官方网站或其他途径公开，使生产者和其他利益相关者能够清晰了解认证的实施过程。

其次，认证过程的透明性还涉及公开的评估标准。认证机构应当明确规定认证所需的标准和指南，以确保生产者能够在申请认证前清楚了解到底需要符合哪些条件。这种明确的标准有助于减少信息不对称，使生产者更有针对性地进行生产过程的调整，提高通过认证的可能性。

另一方面，认证结果的公示也是透明认证过程的一部分。一旦认证完成，相关信息，包括认证的产品、认证标准的符合程度等，应当在认证机构的公共平台上进行公示。这有助于提高认证的公信力，使社会公众能够了解到哪些产品是符合环保标准的。

在确保透明性的同时，公正性是认证过程的另一个核心原则。为了保证公正性，建立一个独立的第三方机构来负责认证工作是必要的。这个机构应当不受生产者或其他相关方的操控，以确保其评估的客观性和独立性。此外，认证机构应该避免与生产者存在利益冲突，杜绝因利益关系而导致的不公正行为。

4.认证的市场推广与激励机制

认证体系的建立不仅仅是为了确保产品质量，更是为了通过市场推广实现生态价值的传播。在这一过程中，电商平台扮演着关键的角色，可以通过多种方式促进认证产品在市场上的推广与销售，同时建立激励机制以推动更多生产者参与认证体系。

首先，电商平台可以为认证产品设立专区，使得这些产品在平台上拥有更高的曝光度。通过专区的设置，消费者可以更方便地找到符合环保标准的产品，从而提高这些产品的市场知名度。专区的推广还有助于形成消费者对认证产品的信任，进而培养绿色消费意识。

其次，电商平台可以进行专项推广活动，通过制作环保主题的广告、推荐绿色产品等方式，引导用户关注环保、可持续发展的话题。这样的推广活动有助于在用户中培养环保意识，促使他们在购物时更多地考虑产品的环保属性。通过信息传播和广告，认证产品的生态价值可以更加深入地融入用户的购物决策中。

同时，建立激励机制是推动认证体系发展的重要手段。对于取得认证的产品和生产者，电商平台可以提供额外的奖励，如展示机会、广告支持、优先推荐等。这样的激励机制可以激发更多生产者参与到认证体系中，从而推动更多的产品符合环保标准。激励机制的建立还有助于建立一个良性循环，不断推动认证体系的完善和发展。

最终，通过电商平台的市场推广和激励机制，认证体系可以更好地融入市场机制，使环保产品在竞争激烈的市场中脱颖而出。这不仅有助于推动更多生产者朝着环保的方向发展，也为消费者提供了更多选择符合生态标准的产品，推动整个农村电子商务系统向更生态友好的方向发展。这一过程不仅仅是市场机制的发挥，更是推动社会可持续发展的有益实践。

（二）引入文化传承元素

1. 文化传承元素与产品设计融合

引入文化传承元素与产品设计融合是农村电子商务发展中的关键环节，旨在赋予产品更深层次的文化内涵。电商平台在这一过程中扮演着重要的协调和推动角色，需要积极与地方文化机构、艺术家等多方合作，将乡村的历史和传统有机地融入商品设计和推广中，以创造具有独特文化魅力的产品。

首先，合作与交流是实现文化传承元素与产品设计融合的重要手段。电商平台可以积极与当地文化机构建立合作关系，与艺术家、手工艺人等进行深入的交流。通过了解乡村的历史、传统故事、民间艺术等元素，平台能够更好地将这些文化元素有机地融入产品设计中，使产品更具地方特色。

其次，产品设计的融合需要在包装、形象设计等方面灵活运用乡村特有的文化符号和传统图案。在产品包装上，可以采用当地特有的颜色、图案，或者融入当地民间传说、传统手工艺等元素，使得产品在外观上能够体现出独特的文化魅力。这样的设计不仅能够吸引消费者的眼球，更能够传递乡村文化的独特魅力。

同时，电商平台还可以通过与艺术家的合作，将乡村的文化元素转化为独特的艺术品，用以装点商品或作为赠品，提升产品的附加值。这种艺术化的处理方式不仅丰富了产品的内涵，同时也为艺术家提供了展示才华的平台，促进了文化创意产业的发展。

最终，文化传承元素与产品设计的融合不仅是产品外观上的体现，更需要在推广和宣传中得以展现。电商平台可以通过专门的推广活动、线上线下的展览等方式，将产品的文化背景向消费者传递。这种形式的推广不仅有助于提高产品的市场知名度，也为乡村文化的传承和发展提供了有力支持。

2. 文化传承元素的宣传与教育

在产品推广过程中，电商平台应通过多种渠道开展文化传承元素的宣传和教育，以增强消费者对产品背后文化内涵的理解和认同。这一过程涵盖了多种形式的宣传手段和教育活动，以构建更加深入的文化传承体验。

其一，电商平台可以通过制作宣传短片的方式，将产品背后的文化传承元素生动地呈现给消费者。这样的短片可以通过电商平台的官方网站、社交媒体等渠道进行推广，具体介绍产品的制作过程、传统工艺、文化寓意等内容，使消费者更深入地了解产品的故事背后所承载的乡村文化。

其二，电商平台还可以撰写文化故事，通过文字形式向用户传递产品的文化内涵。这可以在产品详情页、品牌介绍等位置展示，使消费者在浏览商品信息时更容易获取产品的文化背景。文化故事的编写要注重情感共鸣，让消费者更加深刻地体验到乡村文化与产品之间的联系。

除了传播文化元素，电商平台还可以通过举办线上线下的文化活动，进一步加深用户对乡村文化的理解和认同。线上活动可以包括举办文化讲座、座谈会等，通过专家学者的分享，让用户更系统地了解乡村文化的历史和特色。而线下活动则可以包括文化展览、传统手工艺品制作体验等，使用户在实践中亲身感受到乡村文化的独特之处。

其三，电商平台还可以与相关机构合作，推动乡村文化传承教育的开展。通过与学校、文化机构等进行合作，开展有关乡村文化的课程、培训等活动，更多人了解、热爱并参与到乡村文化的传承工作中。

3. 地方特色与文化传承的整合

在引入文化传承元素时，注重地方特色的整合对于电商平台的文化推广至关重要。电商平台应与当地社区、文化机构深入合作，积极挖掘乡村特有的文化资源，将这些独特的地方特色融入商品的推广中，以实现文化传承与地方特色的有机整合。

其一，与当地社区和文化机构的深入合作是整合地方特色与文化传承的关键。通过与社区合作，电商平台可以获取更深层次的地方文化信息，了解当地的历史、传统、风俗等方面的特色。与文化机构的合作可以促成专业性的文化传承活动，为产品提供更具深度和广度的文化元素。

其二，挖掘乡村特有的文化资源是整合地方特色的重要步骤。电商平台应积极搜寻当地独有的传统手工艺、特色土特产、民间艺术等资源，并将其纳入商品的设计和推广中。这样的整合不仅有助于保护和传承当地文化，也能够为产品赋予更加独特和地道的文化内涵，吸引更多消费者的关注。

在产品的推广过程中，电商平台可以通过精心设计的包装、宣传册等形式，突显商品背后的地方特色和文化传承元素。这不仅使产品在市场上更具独特性，也能够在消费者中形成对当地文化的认同感，激发其购买的兴趣。

整合地方特色与文化传承还需要考虑到产品的生产过程和供应链。电商平台可以与当地生产者建立更加紧密的合作关系，促使生产过程更好地融入当地文化传统，确保产品的地道性和可持续性。

4.文化传承与可持续发展的结合

文化传承元素的引入与可持续发展理念的结合是实现文化与生态有机统一的关键。在电商平台的产品推广中，强调传统的手工艺制作方式并倡导低碳生产和可循环利用的理念，将文化传承与可持续发展相结合，形成了一种有机的关系。这种有机结合不仅有助于提高产品的生态友好度，还能够为文化传承赋予更多的当代内涵。

其一，通过强调传统的手工艺制作方式，电商平台可以将古老的工艺技术融入现代产品的制作过程中。这不仅有助于传承乡村文化的精髓，同时也弘扬了传统手工艺的价值。传统手工艺制作方式通常注重人工操作，减少对机械设备的依赖，因此具有较低的碳排放。这种传统工艺与现代科技相结合，既保留了传统的文化特色，又实现了更为环保的生产方式。

其二，倡导低碳生产和可循环利用的理念也是文化传承与可持续发展理念相结合的体现。在产品的生产过程中，电商平台可以选择使用环保材料，减少能源消耗，并注重产品包装的可降解性和可回收性。这样的举措有助于降低对环境的影响，符合可持续发展的目标。同时，电商平台还可以通过教育活动等手段，向消费者传递低碳生活的理念，促使更多人参与到可持续发展的过程中。

其三，将文化传承与可持续发展相结合，不仅可以提高产品的生态友好度，还为文化传承赋予更多当代的内涵。通过在产品推广中强调这种有机统一，电商平台不仅能够满足当代消费者对环保产品的需求，同时还能够弘扬传统文化，使其更具吸引力和竞争力。

二、农村电子商务与文化、生态的双赢策略

（一）电商平台与相关机构、生产者的合作

电商平台与生态保护组织、文化传承机构的合作不仅是为了实现自身的可持续发展，更是为了积极参与社会责任，推动乡村电子商务文化与生态的双赢。合作的背景在于通过整合资源，形成一个综合性的项目合作网络，以更全面、深入地关注乡村的生态环境和文化传承。

1.合作协议的具体内容

合作协议的具体内容应当细致明确，以确保各方在合作过程中能够明确各自的责任和义务，建立起合作的牢固框架。在电商平台与生态保护组织的合作中，可以包括以下内容：

其一，明确生态保护项目的范围和目标。合作协议应具体规定参与的生态

保护项目，如植树造林、水域净化等，以及项目的具体目标和预期效果。这有助于确保各方对于生态保有共同理解和共识。

其二，规定各方的责任和义务。协议中应明确电商平台和生态保护组织在项目实施中的具体责任分工，包括资源投入、人力支持、技术协助等方面的具体责任。这有助于避免合作中的不确定性和摩擦。

其三，确立项目的实施计划和时间表。合作协议应明确生态保护项目的实施计划，包括项目启动、执行阶段的时间表，以确保项目按照计划有序推进。时间表的设定也有助于各方更好地安排资源和人力。

2. 共同开展生态保护项目

共同开展生态保护项目是一项需要科学规划和协同实施的重要任务。在电商平台与生态保护组织合作的过程中，可以借助生态保护组织的专业知识，共同制订可行的生态保护计划，以推动农村地区生态环境的改善，并提高农产品的生态友好度。这一合作旨在通过联合力量，使生态保护项目更具有效性和可持续性。

双方可以进行全面的生态环境评估，深入了解农村地区的生态状况、存在的问题和潜在的生态风险。基于评估结果，制订符合实际情况的生态保护计划，明确生态保护的具体目标和实施措施。该计划应涵盖多个方面，包括但不限于植被恢复、水域净化、土地治理等，以全面提升农村地区的整体生态系统健康水平。

生态保护计划的实施需要得到广泛地参与，电商平台可以通过平台的推广渠道、社交媒体等方式，积极动员生产者和用户参与到生态保护项目中。这可以通过开展宣传活动、设立奖励机制等手段，激发参与者的积极性和责任感，形成一个共同参与的生态保护网络。

为了确保项目的顺利实施，电商平台与生态保护组织可以在合作协议中明确双方的责任和义务。这包括各自的贡献、支持以及项目推进中可能遇到的问题的解决方案。建立定期的项目进展会议，促进双方之间的信息沟通和协同合作，确保生态保护项目的有效进行。

3. 促进文化传承合作项目

与文化传承机构合作是为了深度挖掘乡村的丰富文化资源，共同推动乡村文化的传承与发展。在与这些机构合作的过程中，电商平台可以采取一系列措施，以促进文化传承合作项目顺利开展，实现文化元素的融入乡村产品设计和推广的目标。

其一，双方可以共同开展文化传承活动，通过组织传统节庆、庙会、手工艺品制作等活动，挖掘和呈现乡村独有的传统文化。这些活动不仅有助于激发当地居民对自身文化的认同感，也为文化传承机构提供了更多的展示平台，增强其在社区中的影响力。

其二，合作双方可以联手记录当地的传统习俗、故事和传说。通过采集口述历史、整理古老的手工艺技艺，可以实现乡村文化的数字化保存和传承。这些记录可以成为宝贵的历史档案，同时也为产品设计提供了丰富的素材，使产品更具历史渊源和独特性。

在产品设计和推广方面，电商平台与文化传承机构的合作可以通过将当地传统文化元素融入产品中实现。这包括在商品包装、形象设计中运用乡村特有的文化符号、传统图案等，以展现产品的地域特色和文化韵味。通过这种方式，产品不仅是商品，更是文化的延伸，为用户提供了更丰富的消费体验。

在合作项目的协议中，应明确双方的合作目标、责任和权益，确保合作关系的稳定和可持续发展。定期的合作评估和反馈机制有助于及时调整合作策略，以适应乡村文化传承的动态变化。

4.为农产品推广提供支持

电商平台与相关机构的合作为农产品推广提供了全方位的支持，既强调文化和生态认同，又通过多元化的推广手段增强了产品的曝光度和用户关注度。

其一，在广告推广方面，电商平台可以充分利用其广告资源，制作专门针对合作项目的广告。通过精心设计的广告内容，突出农产品的文化传承和生态友好特性，向用户传递有关产品的故事、背景和价值。这样的广告推广不仅提高了产品的知名度，也为用户创造了更深层次的消费体验。

其二，通过专题页面的设置，电商平台可以为合作项目打造独特的展示空间。这个专题页面可以包括合作项目的介绍、产品展示、文化传承元素的呈现等内容，使用户在浏览时更全面地了解和感受合作项目的特色。专题页面的设计不仅提高了产品的展示效果，也为用户提供了一个更为深入了解产品的平台。

其三，电商平台还可以通过线上线下活动的组织，进一步促进合作项目的推广。例如，可以举办线上的产品发布会、文化讲座，也可以组织线下的体验活动、农场参观等。这样的活动既能吸引更多用户参与，也有助于提高产品的社会认可度和口碑。

在合作项目的推广中，电商平台与相关机构可以建立定期的合作评估机制，通过数据分析、用户反馈等手段对推广效果进行评估。这有助于调整推广策略，更精准地满足用户需求，提升推广的效果。

（二）建立奖励机制

1. 奖励机制的制定原则

奖励机制的制定应当基于公平、公正和激励的原则，以确保对合作伙伴在文化传承和生态保护方面的贡献给予合理的认可和回报。以下是奖励机制的制定原则：

其一，公平原则是奖励机制的基础。奖励应当根据实际的贡献程度和效果进行评估，而非基于不合理或主观的标准。这要求奖励评估标准必须明确、客观，并且公开透明，确保每个合作伙伴在奖励评估中都有平等的机会。

其二，奖励机制应当注重公正性。公正性要求奖励的分配不应受到歧视，所有合作伙伴都应当在奖励的评估中受到平等对待。避免任何形式的不公正对待，确保奖励的分配与合作伙伴的实际贡献成正比例，并避免利益冲突或偏见的影响。

其三，奖励机制要具有激励性，以鼓励更多的合作伙伴积极参与文化传承和生态保护。激励性的奖励机制需要设立有吸引力的奖励，使得合作伙伴有动力更加努力地参与相关项目。奖励既可以是经济性的，如奖金、折扣等，也可以是非经济性的，如荣誉证书、专属徽章等。

其四，奖励机制的制定还要考虑到奖励的及时性。合作伙伴在文化传承和生态保护中的贡献应当能够及时地得到回馈和认可，以激励他们保持积极性和创造性。

2. 对生产者和商家的奖励形式

对生产者和商家的奖励，可以采用多种方式，包括财务奖励、荣誉奖励和宣传奖励等，以全面激发他们在文化传承和生态保护方面的积极性。

首先，财务奖励是一种直接而实际的激励手段。电商平台可以通过提供额外的销售提成、补贴项目等方式，奖励那些在文化传承和生态保护中作出突出贡献的生产者和商家。这种形式的奖励直接关联到合作伙伴的经济利益，能够在一定程度上激发他们更加积极地参与合作项目。

其次，荣誉奖励是对合作伙伴贡献的一种尊重和认可。通过颁发证书、奖章等形式，展示合作伙伴在文化传承和生态保护中所取得的成就。这种奖励形式不仅可以激发个体的自豪感，也有助于建立其在相关领域的专业形象，提高整体的社会认可度。

同时，宣传奖励是通过平台的宣传渠道，将合作伙伴的贡献广泛传播，提升其知名度。这可以包括在电商平台上设置专区进行专题推广，以及通过社交媒体、新闻报道等方式对合作伙伴的优秀表现进行宣传。这样的宣传奖励，不仅可以鼓励合作伙伴继续为文化传承和生态保护作出努力，还有助于向更广泛的受众传递相关的文化和生态价值观。

3.激励更多主体参与的机制

为激励更多的生产者和商家参与到文化与生态的共同建设中，奖励机制应设计得更具层次性和吸引力，以吸引不同层次的参与者。以下是一种可能的机制设计方案：

第一，设立奖项的层级结构，包括初级奖、中级奖和高级奖等多个层次。初级奖主要面向初次参与的生产者和商家，对于他们的参与和贡献给予基础奖励。中级奖则适用于已经参与并积极贡献的主体，提供更为丰厚的奖励以鼓励其持续参与。高级奖则专为那些在文化传承和生态保护中表现卓越的合作伙伴设置，提供最高水平的奖励。

第二，逐步提高奖励力度。初级奖的奖励力度相对较低，而中级奖和高级奖的奖励力度则逐步提高。这样的设计有助于吸引更多初次参与者，同时激发已参与者的积极性，使其朝着获得更高级别奖励的目标努力。

第三，可以考虑设立特别奖项，针对在特定领域作出杰出贡献的生产者和商家，以进一步提高奖励的多样性和个性化。这种特别奖项可以根据具体情况设置，如"最佳文化传承奖""生态保护先锋奖"等，以更有针对性地激励不同领域的参与者。

4.宣传奖励的有效性

宣传奖励的有效性在于其能够通过引人注目的方式，将合作伙伴的贡献和成功案例广泛传播，从而最大化发放奖励的效果。以下是关于宣传奖励有效性的详细讨论：

宣传奖励的首要目标是通过引人注目的宣传方式，将合作伙伴的成功故事和贡献传递给更多的用户和潜在合作伙伴。通过发布合作伙伴的成功案例，电商平台可以在各类媒体、社交平台等多渠道展示他们在文化传承和生态保护方面的突出表现。这种形式的宣传不仅可以提高合作伙伴的知名度，还能够强化他们在文化与生态领域的专业形象。

同时，举办颁奖典礼是另一种引人注目的宣传方式。通过定期举办的颁奖典礼，电商平台可以集中展示合作伙伴的卓越贡献，并为他们颁发相应的宣传奖励。这不仅是对合作伙伴的一种荣誉肯定，也是一个引人瞩目的事件，吸引了媒体、行业专家和广大用户的关注。此外，颁奖典礼还提供了一个互动交流的平台，促进了合作伙伴之间的经验分享和学习。

为了确保宣传奖励的有效性，平台需要在宣传材料的制作和传播过程中注重创意和专业性。采用生动有趣的语言、图像和视频，以及与目标受众相关的社交媒体平台，能够增强宣传效果。此外，与媒体、行业协会等合作，将宣传信息传递给更广泛的受众，有助于扩大影响力。

5. 社会共识的形成

通过建立奖励机制，电商平台可以在社会中形成对文化与生态价值的共识。这一共识的形成源于更多生产者和商家通过参与文化传承和生态保护而获得奖励的成功经验。这种机制的建立不仅是对个体的奖励，更是对一系列积极行为的认可，为乡村电子商务的可持续发展奠定了社会基础。

首先，奖励机制通过对生产者和商家的奖励，形成了一种明确的激励体系，鼓励他们在文化传承和生态保护中发挥积极作用。这种激励不仅体现在物质层面，更包括了对其努力和贡献的认可，从而激发更多人投入到这一共同建设的行列中。

其次，这一奖励机制的影响不仅局限于生产者和商家本身，更通过社会传播途径扩散至更广泛的社会层面。电商平台可以通过各种宣传手段，将获奖者的成功案例、贡献和奖励情况传递给社会大众。这样的宣传不仅在社会中引起关注，还能够塑造一种对文化与生态价值的认同和尊重。

再次，奖励机制形成了一种正向循环，促使更多主体积极参与到农村电子商务的文化与生态建设中。初次参与者通过逐步提高的奖励力度感受到了积极的激励，这不仅增加了他们的参与热情，也为更多的新参与者提供了参考和榜样。这种正向激励机制使得社会中的共识逐渐得以形成和巩固。

三、社会共识与参与的重要性

（一）开展宣传活动

宣传活动是电商平台在推动农村电子商务文化与生态价值的双赢中的关键举措。背景在于提高公众对乡村文化与生态的认知，引导社会对农村电子商务的关注。目的在于通过有针对性地宣传，向社会传递乡村电子商务的文化与生态价值，为文化与生态的双赢路径奠定良好的社会基础。

1. 宣传内容的精心设计

宣传活动的成功在于内容的精心设计，而电商平台在这一过程中可以通过多元化的手段达到更为深远的效果。首先，通过制作富有艺术感的宣传视频，电商平台能够以视觉化的方式展示农村文化的独特魅力和生态环境的美丽，从而引起公众的共鸣。通过精心策划的视频内容，观众可以更加直观地感受到农村地区的文化特色，增强他们对这些地方的认知和兴趣。

同时，电商平台还可以通过深入浅出地宣传文章进一步巩固公众对农村电子商务的认知。这些文章不仅应该注重文字的表达，更要在深入解读农村电商的社会意义方面下功夫。发挥文字的力量，可以深刻地诠释农村电商在推动农村发展、改善居民生活等方面所起到的积极作用。这种社会意义的解读将有助于让公众更为深刻地理解农村文化与生态的价值，进而激发他们对这些地区商品的购买兴趣。

2. 多渠道传播的策略

宣传活动的成功在于通过多渠道进行广泛传播，电商平台在此方面可以采用多元化的策略，以更全面地触达目标受众。首先，社交媒体平台作为一种高度互联的传播工具，为电商平台提供了一个广泛传播的平台。通过在主流社交媒体上发布富有吸引力的宣传内容，电商平台能够迅速引起用户的关注，并通过用户的自发传播实现信息的快速传递。这种传播方式有助于拓展潜在用户群体，强化宣传效果。

同时，电商平台还可以通过组织线上线下的活动来加强宣传的深度和广度。例如，举办农村电商文化节，通过展览、表演、体验等多种形式，展示农村文化的独特之处，吸引更多人参与并感受这一特殊的购物体验。在生态保护讲座方面，通过邀请专业人士，向公众普及生态保护知识，强调农村电商在可持续发展中的积极作用，从而引发更广泛的社会关注。

这种多渠道传播的策略不仅可以在社交媒体上实现信息的迅速传播，也能通过线下活动进一步深化受众的认知和参与度。通过社交媒体，电商平台可以实现信息的广泛传递，而通过线下活动，可以拉近与用户之间的距离，使用户更加深入地了解农村电商传达的文化与生态价值。这种多渠道的传播策略为电商平台提供了更为全面和深入的宣传效果，既提升了品牌知名度，也促使公众更积极地参与到农村电商的文化与生态价值中。这一策略推动了农村电商发展，同时也为相关研究提供了实际操作的可行性经验。

3. 宣传效果的评估与调整

宣传活动的成功并非一蹴而就，而是需要定期进行科学评估和及时调整，以确保宣传策略与公众期望相符，从而实现最佳的宣传效果。其中，用户反馈、社会关注度以及参与人数等指标成为评估宣传活动效果的重要依据。

第一，通过收集用户反馈，电商平台可以了解公众对宣传内容的看法和感受。用户反馈不仅包括对宣传视频和文章的直接评价，还包括对线上线下活动的参与体验和感受。通过分析用户反馈，电商平台可以深入了解受众的需求和期望，为调整宣传策略提供有利依据。

第二，社会关注度也是一个重要的评估指标。通过监测媒体报道、社交媒体转发和讨论等，可以了解宣传活动在社会上引起的关注程度。高社会关注度意味着宣传活动的影响力和知名度较高，但同时也需要关注舆情的走向，及时应对可能出现的负面反馈。

最后，参与人数是宣传活动效果评估的重要指标之一。无论是线上还是线下活动，参与人数的增加通常意味着活动的吸引力和影响力在扩大。通过定期统计参与人数的变化，电商平台可以评估宣传活动的受欢迎程度，并根据情况调整后续的宣传计划。

4. 形成积极的社会氛围

宣传活动的目标不仅在于短期内取得显著的效果，更要通过持续努力，形成积极的社会氛围，使公众对农村电子商务的文化与生态价值有持久的认知与关注。这一目标的实现需要电商平台通过多层次、多角度的宣传策略，持续不断地渗透和引导公众的观念。

通过不断地宣传努力，电商平台可以逐步建立起对农村电子商务文化与生态价值的全面认知。通过精心设计的宣传内容，深入展示农村文化的丰富内涵和生态环境的独特之美，能够引发公众对这些价值的兴趣和关注。这种兴趣和关注的引导有助于打破公众对农村电商的刻板印象，使其更全面地理解和接受这一发展模式。

宣传活动同时应致力于推动社会对农村电子商务文化与生态价值形成共识。通过展示农村电商在推动农村发展、保护生态环境方面的积极作用，电商平台可以引导社会对农村电商形成正面认知。这不仅需要宣传内容真实和客观，更需要与公众进行有效的沟通与互动，以建立起相互信任的关系，促使社会对农村电商的价值取得更为广泛的认同。

形成积极的社会氛围也需要电商平台关注宣传效果的可持续性。通过建立科学的评估机制，不断优化宣传策略，适应社会的变化和需求，以确保宣传活动不仅在短期内取得成功，更能在长期内引导社会对农村电子商务文化与生态价值的关注与认知。这种持续的努力将为农村电商发展提供可靠的社会支持，为文化与生态的双赢奠定坚实的基础。

（二）建立用户参与平台的机制

1.用户参与机制的设计原则

在建立用户参与平台的机制时，需要遵循公平、透明和有激励效果的原则，以确保用户在参与过程中获得公正的待遇、充分的信息和合理的激励。首先，公平性是用户参与机制设计的重要原则之一。机制应当确保每个用户在参与活动时都有平等的机会，不受歧视，不论其地域、背景或其他特征。公平性体现在参与的规则和机制中，让用户感受到平等的待遇，从而激发其更积极地参与。

其次，透明度是用户参与机制设计中的关键原则。透明的决策过程能够增加用户对平台的信任感。这包括对于机制运作规则、决策标准、奖励机制等的清晰说明。透明度不仅帮助用户更好地理解参与的意义和规则，也为用户提供了参与决策的信心和动力。透明度有助于建立平台与用户之间的信任关系，为长期稳定的用户参与奠定基础。

再次，激励性是用户参与机制设计的必备原则。合理的奖励和认可可以激发用户的积极性和主动性，增加其参与的热情。奖励机制可以包括物质奖励、虚拟奖励、社会认可等多种形式，以满足不同用户的需求。激励性的设计有助于吸引更多用户积极参与乡村电子商务的文化与生态建设，推动平台的可持续发展。

2.线上参与通道的建立

为促进用户参与并方便其表达意见，电商平台可以建立多样化的线上参与通道。这些通道的设计旨在为用户提供一个开放、互动的空间，让他们能够畅所欲言、分享观点，并促成更广泛的文化与生态价值的讨论。其中，线上讨论区和社交媒体平台的互动页面成为重要的线上参与通道。

首先，线上讨论区是一个有益于用户深入交流的平台。通过建立专门的讨论区，用户可以在这里发表对于农村电子商务文化与生态价值的见解、观点和经验。

这种开放的交流空间有助于形成一个共享知识、经验和想法的社群，用户可以通过讨论分享自身的理解，促使更多关注文化与生态的参与者的参与。

其次，社交媒体平台的互动页面也是一个有效的线上参与通道。通过在主流社交媒体上建立互动页面，电商平台可以将宣传内容与用户的反馈有机地结合在一起。用户可以通过评论、点赞、转发等方式表达对文化与生态价值的态度，形成一个生动的社交互动过程。这种形式的参与通道既能够迅速传递信息，又能够激发用户在社交平台上更广泛地参与。

通过这些线上参与通道，用户可以方便地分享自己对农村电子商务文化与生态价值的理解和体验。这不仅为用户提供了一个表达观点的平台，同时也为电商平台获取用户反馈提供了有益的渠道。用户通过这些通道提出建议和观点，有助于电商平台更全面地了解用户需求和期望，从而进行更为精准的宣传和服务。

3. 线下参与通道的设立

为了进一步促进用户的参与和深化其对农村电子商务文化与生态价值的认知，电商平台应当建立线下的参与通道。通过定期组织的线下志愿活动，如乡村文化体验和生态环保义工活动等，平台可以为用户提供更为直观、实际的参与机会，从而拉近用户与平台之间的距离。

首先，乡村文化体验活动是一条有效的线下参与通道。通过组织文化体验活动，用户有机会亲身感受农村的独特魅力和传统文化。这类活动可以包括参观当地古村落、体验传统手工艺、品味农村美食等。用户通过亲身参与，更容易对农村地区的文化进行深入理解，从而提高对农村电子商务文化价值的认同感。

其次，生态环保义工活动也是线下参与的一种形式。通过组织生态保护和环保义工活动，用户可以积极参与到农村地区的生态建设中。这类活动可以包括植树、环境清理、生态考察等，通过实际行动让用户深刻感受到农村电子商务对于生态环境的积极贡献。这样的参与通道不仅提高了用户对农村电商的认知，还增强了他们对农村生态价值的体验和关注。

通过线下参与通道，电商平台能够实现与用户的零距离互动，激发用户更深入、更全面地了解和参与农村电子商务的热情。此外，线下活动也有助于建立用户之间的社群关系，形成一个共同关心文化与生态的社区。通过在线下活动中进行交流和合作，用户之间可以更好地分享各自的体验和见解，从而形成更加紧密的社群网络。

4. 用户参与效果的监测与反馈

建立用户参与平台的机制之后，对用户参与效果进行监测与反馈是确保机制有效性和提升用户体验的重要步骤。首先，通过对用户参与的数据统计，平台可以全面了解用户在线上线下通道的参与情况，包括参与频次、参与时长、参与内容等方面的数据。这些数据不仅为平台提供了用户参与活动的整体概况，还能帮助识别用户参与的热点和趋势，为后续的活动策划提供有力的数据支持。

其次，对于线上参与通道，可以通过社交媒体平台的数据分析、用户互动情况等进行监测。社交媒体分析工具可以追踪用户的评论、点赞、分享等活动，从而评估用户在社交媒体上的参与状况。这样的数据监测有助于了解用户对宣传内容的反馈，判断活动在社交媒体上的传播效果，为进一步优化宣传策略提供指导。

对于线下参与通道，可以对活动现场的实际参与人数、参与者的反馈、志愿活动的完成情况等进行监测。这些信息可以通过问卷调查、现场观察、志愿者的反馈等手段收集，为电商平台提供线下活动的实际效果和用户体验的翔实数据。这样的监测有助于了解用户在实地参与中的体验和感受，为改进和优化线下活动提供有益的参考。

在监测的基础上，平台还应当及时给予用户反馈。通过向用户提供参与数据的汇总、感谢信、奖励和认可等方式，增强用户的参与感和获得感。用户的积极性往往受到认可和奖励的影响，因此合理的反馈机制可以激发更多用户积极参与。此外，用户反馈也可以用于调整和改进参与机制，更好地满足用户需求，提升用户体验。

5. 社会共识的形成

用户参与平台的建立不仅是为了促进文化与生态的建设，更是为了在社会层面形成共识，使更多人认同、支持并参与到这一建设过程中。通过设立用户参与机制，将用户视作乡村电子商务文化与生态建设的参与者和共建者，从而转变其角色，不再只是单纯的消费者。这种共建的过程不仅在个体层面激发了用户的参与热情，也有助于形成更为广泛的社会共识，将文化与生态的优化路径更深入地融入社会生活。

第一，用户参与平台通过设立机制，赋予用户更多的话语权和参与权。这种平等的参与机制可以使用户更加主动地表达自己对于文化与生态价值的看法和期望。用户的参与不再局限于传统的消费行为，而是涵盖了更为广泛的参与领域，包括文化传承、生态保护等方面。这种扩展的参与范围有助于形成社会共识，使更多人认同这一共建的理念。

第二，用户在参与过程中不仅能够体验乡村电子商务文化与生态建设的成果，更能够在实际过程中感知到自己的影响力。通过参与文化体验、生态保护活动等线上线下活动，用户可以亲身感受到自己的参与所带来的实际变化。这种体验式的参与不仅能够激发用户更深层次的参与欲望，也有助于在社会中形成对于文化与生态建设的认同感。

第三，用户参与平台也为社会共识的形成提供了一个广泛的交流和互动平台。用户在参与过程中可以通过线上讨论、社交媒体互动、线下活动等多种方式与其他用户进行交流。这种信息的共享和传播有助于形成共同的认知和理念，推动社会对于文化与生态价值的共识逐渐深化。用户之间的互动不仅仅是信息的传递，更是共识的共建过程，有助于将个体认知融入更大范围的社会共识中。

第四，社会共识的形成需要时间的沉淀和广泛的共鸣。用户参与平台通过设立机制，使用户不再是文化与生态建设的被动观察者，而是积极的参与者和共建者。这样的共建过程将有助于促成更为广泛、深刻的社会共识。随着时间的推移，这种共识将逐渐融入社会的价值观念中，使乡村电子商务文化与生态建设不再是孤立的概念，而是社会生活中不可或缺的一部分。这种共识的形成不仅推动了乡村电商的可持续发展，也为相关领域的研究提供了深刻的社会实践案例。

第六章　实证分析与案例研究

第一节　实证分析方法与数据来源

松滋氿水蜜柚（图7-1）作为湖北省的特色农产品，种植在湖北省松滋市西南部的山区，地理坐标为东经111°34′—112°01′，北纬29°53′—30°22′。该地区的地形地貌以长江沿岸丘陵岗地为主，特大型水体周边的气候适合蜜柚栽培，并且产地环境无污染。土壤为黄棕土、砂壤土，具有深厚、疏松、透气性好的特点，适中的酸碱度以及适中的有机质、碱解氮、速效磷、速效钾含量。灌溉主要使用无污染的天然降水和水库水源，水质符合标准。气候方面，该地区属于亚热带过渡性季风气候，温和、雨量充沛、光照充足，非常适合蜜柚的栽培，年平均气温为16.5℃。

图7-1　氿水蜜柚的果实

氿水蜜柚经过改良优化，于2013年注册国家地理标志证明商标，2020年登记为国家地理标志产品。种植面积逐年扩大，目前达到3500公顷，年产量5万吨左右。在种植过程中，采用现代化的种植技术，包括土壤改良、合理施肥、病虫害防治等，其中包括无人机智能管理和精准施药等先进方法。品质保障方面，通过推广先进的种植技术和实施标准化管理，严格把控农药残留，确保达到绿色、无公害的标准。

在这样的种植背景下，涴水蜜柚作为地方水果，具有一定的知名度和品质保障。在电子商务兴起的大背景下，农村电子商务对于涴水蜜柚销量的增长具有重要的实际影响。电商平台的引入为涴水蜜柚提供了更为广阔的销售渠道，使得农产品的销售不再受制于地理，更好地满足了市场需求。在这一基础上，涴水蜜柚产业得以借助电商平台的力量进一步提升品牌知名度、扩大销售规模，实现更高水平的产业发展。图7-2是位于松滋市王家桥镇的湖北柚之健生态农业有限公司初加工车间内，工作人员正在对涴水蜜柚进行机械清洗、筛选分装、套袋贴标的场景。

图7-2 涴水蜜柚的加工场景

本研究采用深度实证分析方法，结合定量和定性分析，以全面、系统地了解农村电子商务对松滋涴水蜜柚销量增长的实际影响。具体方法包括：

一、定量数据分析

通过收集销售数据、农户收入数据等，采用统计学方法进行数据分析，如回归分析、相关性分析等，以量化电子商务对涴水蜜柚销量增长的贡献。以下是一些可能的定量数据分析方向：

（一）销售趋势分析

销售趋势分析是了解沱水蜜柚在过去几年销售数据方面的变化趋势，尤其是电商渠道的增长情况。通过回顾销售数据，我们可以获取以下关键信息：

第一，对比近几年的销售量和销售额，我们能够识别出沱水蜜柚产业的总体增长趋势。通过分析这些数据，我们能够确定是否存在季节性差异，例如销售旺季和淡季的变化。

第二，特别关注电商渠道的销售增长情况。通过将电商渠道的销售数据与传统销售渠道进行对比，我们能够判断电商对销售增长的贡献程度。这有助于评估电商在沱水蜜柚产业中的实际影响，并为未来的战略规划提供指导。

（二）农户收入增长分析

农户收入增长分析旨在调查参与电子商务的农户在收入方面的表现。通过采集农户的收入数据，可以进行以下分析：

第一，比较参与电商和传统销售模式的农户收入水平。这种比较可以帮助我们确定电商对农户经济的实际促进作用。如果参与电商的平均收入明显高于传统销售方式，那么电商对提高农民收入水平可能存在显著效果。

第二，分析农户收入的变化趋势。通过追踪一段时间内的农户收入数据，我们可以了解电商介入后是否存在明显的增长趋势，以及这种趋势是否稳定。

（三）市场份额和竞争分析

市场份额和竞争分析旨在深入了解沱水蜜柚在电商平台上的竞争状况，以及不同品牌的销售情况。相关方面的分析包括：

第一，通过市场份额分析，我们能够了解沱水蜜柚在电商市场中的相对地位。这有助于评估沱水蜜柚品牌在电商平台上的影响力，并为提高市场份额提供战略指导。

第二，对不同品牌的销售情况进行详细分析。这包括沱水蜜柚的销售排名、销售额对比、用户评价等方面。通过了解品牌竞争情况，沱水蜜柚产业可以制定更具针对性的市场推广策略。

（四）用户行为分析

用户行为分析旨在研究消费者在电商平台上的购买行为，以提供数据支持，制定更有效的营销策略。相关分析方向包括：

第一，分析消费者的购买时段。了解沱水蜜柚在不同时间段的销售情况，有助于确定在何时进行促销活动以最大程度地吸引消费者。

第二,地域分布分析。通过了解消费者的地域分布,可以制定更具针对性的区域性市场推广策略,满足不同地区的需求。

(五)电商投入产出分析

电商投入产出分析旨在分析农户参与电商所需的成本和投入,对比其与传统销售方式的经济效益。这包括:

第一,分析农户参与电商的成本。包括与电商平台的合作费用、物流成本等。通过深入了解这些成本,我们可以确定电商对农户的实际经济负担。

第二,对比电商与传统销售方式的经济效益。通过比较这两种销售方式的投入和产出,我们可以评估电商对整个产业链的影响,以及是否存在更为经济高效的销售模式。

二、定性分析

通过深度访谈、问卷调查等方式,获取农民、电商平台代表、政府官员等的意见,以了解电商在浈水蜜柚产业中的作用和局限。以下是一些可能的定性数据分析方向:

(一)农户态度与感受

通过深度访谈农户,我们能够深入了解他们对电商参与的态度、期望和实际感受。这种定性分析关注以下几个方面:

其一,调查农户对电商平台的认知程度。了解农户对于电商平台的了解程度可以帮助我们评估电商平台在农村社区的普及程度。

其二,了解农户对电商模式的接受度。深入了解农户是否愿意利用电商平台进行销售,以及他们是否已经在电商平台上进行了销售。

其三,了解农户期望从电商平台获得的收益。通过探讨农户对于电商参与的期望,我们能够了解他们是否期望通过电商平台获得更好的销售收益。

其四,调查农户实际参与电商后的感受。通过听取农户的经验分享,我们能够了解电商对他们生活的实际影响,包括是否提高了销售效率、是否改善了销售收入等。

(二)电商平台政策影响

分析电商平台的政策对浈水蜜柚销售的影响,包括价格政策、促销活动等,有助于评估其对市场的激励作用。这方面的定性分析主要关注以下几个方面:

其一，深入了解电商平台的价格政策对浈水蜜柚的定价影响。通过与平台代表交流，我们能够了解平台是否提供了公平的定价机制，以及这是否有助于提高农产品的市场竞争力。

其二，分析电商平台的促销活动对销售的影响。了解平台是否通过促销活动提高了浈水蜜柚的销售量，以及这是否为农户带来了更多的销售机会。

（三）政府政策支持

通过调查政府在电商发展中的支持政策，了解政府对浈水蜜柚电商发展的引导和支持。这方面的定性分析主要包括以下几个方面：

其一，了解政府是否提供了针对浈水蜜柚产业的专项政策。通过研究相关政府文件和政策文件，我们可以了解是否有特殊政策针对浈水蜜柚的电商发展。

其二，深入了解政府在基础设施建设方面的支持。了解政府是否加大了对浈水蜜柚产业基础设施建设的资金投入，包括物流、交通等方面。

（四）市场需求变化

通过调查消费者需求变化，我们可以了解电商模式是否满足市场需求，分析浈水蜜柚在电商平台上的市场前景。这方面的定性分析主要包括以下几个方面：

其一，深入了解消费者对于浈水蜜柚电商产品的需求变化。通过问卷调查和深度访谈，我们能够了解消费者对产品品质、包装等方面的新需求。

其二，分析消费者对于电商平台购物体验的看法。了解消费者在电商平台购买浈水蜜柚的感受，包括物流速度、售后服务等。

（五）合作社和企业经验分享

通过访谈合作社和企业代表，我们能够深入挖掘其在电商发展过程中的经验、困难和成功案例。这方面的定性分析主要包括以下几个方面：

其一，了解合作社和企业参与电商的动机。通过深度访谈，我们能够了解为何这些合作社和企业选择参与电商，以及他们对电商的期望。

其二，分析合作社和企业在发展电商过程中遇到的问题。深入了解电商发展中的困难和挑战，以及他们是如何应对的。

其三，挖掘合作社和企业在发展电商中取得的成功经验。通过分享他们的成功案例，我们能够总结出一些建议和指导方针，以供其他浈水蜜柚产业参与者参考。

三、案例研究

选取典型的农户、合作社、电商平台等作为案例，深入挖掘其发展经验、面临的问题以及取得的成就。以下是一些可能的案例研究方向：

（一）典型农户案例

在浈水蜜柚产业中，我们选取了一些典型的农户案例，通过深度调研，分析了他们从传统销售到参与电商的转变，以及电商对其经济和生活的影响。

农户A，过去主要通过传统的农贸市场销售浈水蜜柚。由于市场局限性和信息不对称，往往难以获得合理的销售价格。随着电商的崛起，农户A选择参与电商平台，将浈水蜜柚直接销售给消费者。通过电商平台，其不仅获得了更广阔的销售渠道，还能够与消费者直接互动，了解市场需求。这种直接销售模式提高了农户A的销售效率，增加了销售收入，更好地参与市场竞争。

农户B，原先依赖传统的中间商将浈水蜜柚销售到城市。然而，中间商的存在使得农户B在销售环节难以掌握主动权，同时也面临价格被压低的问题。通过与电商平台合作，农户B可以直接将产品推向终端消费者。这不仅提高了农户B的销售收入，还减少了中间环节的成本，使其在产业链上的利润更为可观。电商平台为农户B提供了更加公平、透明的市场环境，有力地助推了其事业的发展。

农户C，原先在传统销售模式下面临产品滞销的问题。由于浈水蜜柚的季节性，传统销售模式无法有效解决滞销问题。通过参与电商平台，农户C得以将剩余产量进行深加工，并开发了与浈水蜜柚相关的深加工产品，如蜜柚酱、柚香酥等。这种多元化经营模式不仅降低了农户C的销售风险，还提高了产品附加值，增加了经济收益。电商平台在此过程中扮演了连接生产者和消费者的桥梁，使农户C更好地利用了浈水蜜柚的资源，拓展了产业链。

这些农户案例共同展示了电商对浈水蜜柚产业的积极影响。首先，电商为农户提供了更广泛、更直接的销售渠道，打破了传统销售模式的局限性。其次，电商平台改变了传统的供应链格局，使农户能够更好地掌握销售主动权，提高了产品的市场竞争力。最重要的是，电商的参与为农户提供了更多的机会进行产业升级和深加工，提高了产品附加值，增强了产业的可持续发展能力。

（二）合作社经验分享

成功的合作社在浈水蜜柚产业中发挥着关键的作用，通过研究一些典型的合作社，我们可以总结出它们的发展经验和运营模式，为其他合作社提供借鉴。

第一，合作社的成功往往建立在紧密的组织结构和高度的农户参与度基础上。一些成功的合作社充分发挥社员的主体性和积极性，通过成立农民代表大会、设立监事会等机构，实现了合作社的民主管理。农民通过合作社可以更好地组织起来，形成集体行动，共同面对市场的竞争和风险。合作社作为一个集体经济组织，能够有效地整合资源，提高洈水蜜柚产业的整体竞争力。

第二，合作社在运营模式上注重多元化经营和产业链的延伸。成功的合作社不仅仅将重心放在洈水蜜柚的种植和销售上，还通过深加工、产品开发等手段，延伸了产业链条，提高了产品附加值。一些合作社发展了洈水蜜柚的深加工产品，如柚子茶、柚子酱等，使得产品更具市场竞争力。同时，合作社还积极探索农业旅游、采摘体验等业态，吸引消费者参与，推动产业链的多元化发展。

第三，合作社注重科技创新和信息化建设。通过引进先进的种植技术、农业装备，以及建设信息平台，合作社能够更好地实现生产全过程的管理和监控。一些合作社借助现代信息技术，建立了销售平台，提高了市场信息的传递效率，使农户能够更及时、准确地了解市场需求，调整生产计划。科技创新和信息化的应用有助于提高合作社的生产效益和市场竞争力。

第四，成功的合作社通常注重品牌建设和市场营销。通过打造独特的洈水蜜柚品牌，合作社能够在市场中树立良好的形象，提高产品的知名度和美誉度。同时，积极参与各类农产品展销会、推出各类促销活动，通过线上线下渠道拓展市场，增加销售渠道，提高洈水蜜柚的市场份额。

第二节　不同类型农村地区电子商务发展模式的比较

一、发展现状和特点分析

通过对松滋洈水蜜柚产业的深入调研，我们发现该产业在乡村振兴中取得了一定的成绩，但也面临一系列问题。首先，尽管蜜柚产业在促进乡村振兴中发挥了积极的作用，但仍然存在一些亟待解决的问题。其中，品种单一是一个突出的问题，当前松滋洈水蜜柚的品种相对单一，缺乏多样性。这使得产业在应对市场需求和潜在风险方面存在一定的不足，需要加大品种改良和选育力度，培育更多优质、抗病的新品种。

其次，深加工附加值不高是制约蜜柚产业发展的另一重要问题。尽管蜜柚产量不断增长，但与之相配套的深加工发展步伐相对较缓慢。农业生产资料价格、劳动力成本不断攀升，农产品市场价格波动频繁，这些因素共同制约了蜜柚产业效益的提升。虽然已经出现了一些深加工产品，如蜂蜜柚子茶、柚香酥、蜜柚酱（膏）、蜜柚汁饮料等，但部分产品的附加值仍然相对较低。未来需要加大研发投入，开发高附加值的新产品和技术创新，以提高产品的市场竞争力。

品牌推广不足也是制约涴水蜜柚产业发展的重要问题。尽管"松滋涴水蜜柚"已成为地理标志保护产品，但品牌推广力度仍需加强。在发展初期，存在品牌建设不够完善、不够严谨的情况，品牌建设更注重创建而非使用，品牌过多而杂，部分品牌建设还处于起步阶段。农产品的分等分级、包装营销不够规范，缺乏具有一定规模和影响力的农产品品牌。因此，需要加大品牌宣传力度和市场营销投入，提高"松滋涴水蜜柚"的知名度和美誉度，进一步拓展市场份额。

此外，三产融合发展成效不显著是产业面临的又一挑战。龙头企业的辐射带动作用相对不强，产业链短、规模过小、产品较为单一、科技含量较低，导致农产品初加工多，深加工开发滞后，产品附加值较低。整体而言，还没有形成"一二三产业"融合发展格局，导致乡村振兴中叫得响的农产品品牌相对较少。

最后，部分乡村振兴建设项目趋于同质化，村庄缺乏鲜明的特色，过度依赖感觉而非实际条件进行产业发展规划，导致一哄而上、重复单一，加重了产业发展的同质化问题。

二、模式优劣与适用性评估

（一）电商发展模式

目前，松滋涴水蜜柚的电商发展模式相对滞后，迫切需要引入更先进的电商经营模式以适应市场的快速变化和满足不断升级的消费需求。在这一背景下，引入农产品电商平台和直播销售等新兴模式成为提升蜜柚产业线上销售渠道、增加产品曝光度的有效途径。

农产品电商平台作为一种先进的电商经营模式，能够为涴水蜜柚提供更广泛的销售渠道。通过加入农产品电商平台，蜜柚生产者可以借助平台的覆盖面和用户基数，快速将产品推向全国甚至全球市场。这种模式能够打破传统销售中的地域限制，为蜜柚提供更大的市场曝光度，提高产品的知名度和影响力。同时，农产品电商平台通常提供便捷的物流配送服务，有助于解决传统销售中的运输难题，提高产品的时效性和新鲜度，满足消费者对品质和服务的需求。

直播销售作为一种具有互动性和实时性的电商模式，也可以为松滋涴水蜜柚带来新的机遇。有了直播平台，蜜柚生产者可以通过实时视频展示产品的采摘、加工、品质等情况，与消费者进行即时互动。这种模式不仅可以增加产品的情感色彩，提升消费者的购买欲望，还能够直接解答消费者的疑问，建立信任感。通过直播销售，蜜柚产业可以更好地传递产品信息，打造品牌形象，提高产品在市场中的竞争力。

（二）深加工与产业链

为解决沧水蜜柚产业中深加工附加值不高的问题，可通过借鉴其他地区的成功经验，引入先进的深加工技术，以推动沧水蜜柚产业发展并提升整个产业链的附加值。深加工对于农产品的附加值提升具有重要的意义，技术创新和产品升级可以拓展沧水蜜柚的市场份额，提高产品的品质和附加值。

在深加工方面，可借鉴其他地区在果蔬深加工领域的成功经验，引入先进的生产线和工艺，将沧水蜜柚转化为更多元化、高附加值的产品。例如，可以开发蜜柚果汁、果脯、果酱、果醋等系列产品，满足不同消费者群体的需求，提高产品的市场竞争力。通过深加工，沧水蜜柚可以延伸产业链，实现从原产地到消费者手中的附加值逐层提升。

引入先进的深加工技术不仅可以提高产品的附加值，还有助于提升生产效率和产品品质。采用现代化的深加工设备和工艺，可以更好地保留沧水蜜柚的营养成分，改善产品的口感和口感的稳定性，提高产品的质感和风味。这不仅有助于提高消费者对产品的认可度，还能够拓展产品在市场上的销售渠道。

此外，深加工还可以为沧水蜜柚产业带来更多的商业机会。通过开发与蜜柚相关的衍生产品，可以吸引更多投资者和企业参与，形成完整的产业链，促进沧水蜜柚产业的协同发展。深加工不仅提高了农产品的附加值，也为当地农民提供了更多的就业机会，促进了乡村经济的发展。

（三）品牌推广和市场营销

为提升"松滋蜜柚"品牌的市场竞争力，必须加强品牌推广和市场营销工作。各类农产品展销会、品牌创建活动等手段可以有效提高品牌的知名度和美誉度，进一步拓展市场份额。

首先，通过农产品展销会等大型活动，可以将"松滋蜜柚"品牌引入更广阔的市场。这些展销会通常吸引了众多的消费者、零售商和媒体关注，为"松滋蜜柚"提供了良好的宣传机会。展示沧水蜜柚的优质品质、独特口感和种植环境的优势，有助于打造品牌形象，引发消费者的购买兴趣。

其次，品牌创建活动是提高品牌知名度和美誉度的重要手段。可以通过组织"松滋蜜柚"品牌推介会、产品体验会等，邀请消费者、媒体和业界人士参与，宣传洈水蜜柚的产地、品质和故事。此外，利用互联网平台，如社交媒体、农产品电商平台等，进行品牌宣传和营销，提高品牌在年轻消费群体中的知名度。

在市场营销方面，可以采用差异化策略，明确"松滋蜜柚"品牌的独特卖点。通过突出产品的地理标志、绿色有机生产等特点，建立品牌的独特性和信誉度，使其在市场上脱颖而出。此外，注重与消费者的互动，收集消费者反馈，不断优化产品和服务，提高品牌的满意度和忠诚度。

品牌推广和市场营销还需要注重渠道建设，与零售商、电商平台等进行合作，增加产品的销售渠道。通过建立稳定的供应链和物流体系，确保产品的及时上市和配送，提高品牌在市场上的可获得性。

（四）三产融合发展

三产融合发展是促进洈水蜜柚产业全面提升的战略路径之一。为实现这一目标，可以加强与农产品电商平台的合作，同时将乡村旅游作为潜在方向，以推动洈水蜜柚产业的线上线下一体化发展。

其一，与农产品电商平台的合作是实现三产融合的有效途径之一。通过与电商平台紧密合作，可以将洈水蜜柚的生产、销售、宣传等环节进行整合，实现全产业链的协同发展。农产品电商平台的强大线上销售渠道可以迅速将洈水蜜柚推向市场，解决传统销售中的地域限制，提高市场覆盖率。同时，通过电商平台的数据分析和个性化服务，可以更好地满足消费者需求，提高购买欲望，推动销售增长。

其二，乡村旅游是三产融合发展的另一重要方向。通过发展乡村旅游，可以吸引更多的游客前来参观、体验洈水蜜柚产业。通过设置观光、采摘等项目，使消费者更直观地了解洈水蜜柚的生产过程，增加产品的附加值。同时，乡村旅游也为当地提供了就业机会，促进了农村经济的多元化发展。

在推动三产融合发展的过程中，需注重建立健全的产业协同机制，促使农业、工业、服务业之间形成协同发展的良好格局。政府、企业、社会组织等多方合力，通过政策扶持、资源整合等方式，推动各产业融合发展。

（五）产业结构调优

产业结构调优是促进农业可持续发展的关键一环。面对产业结构问题，可以通过引导农民发展适合当地条件的特色产业，构建"一村一品"或"一村一特"的特色发展格局，避免同质化问题，实现农业产业结构的合理调整。

其一，引导农民发展适合当地条件的特色产业是实现产业结构调优的基础。通过深入了解当地的自然资源、气候条件以及农产品的特性，可以有针对性地推动农民选择适合本地发展的产业。这样的产业发展更容易融入地方文化，形成具有本土特色的农产品，有助于提高产品附加值和市场竞争力。

其二，构建"一村一品"或"一村一特"的特色发展格局有助于实现产业差异化。通过在不同村庄发展各具特色的农产品，可以有效避免同质化竞争，形成多元化的产业结构。每个村庄可以根据自身的资源禀赋和技术水平，选择适合自己的特色产业，从而形成互补性发展，推动整个地区产业结构的协调优化。

其三，产业结构调优还需要充分发挥政府、企业等多方的合作作用。政府可以通过提供政策支持、引导资金投入等方式，推动农业产业结构的调整。企业可以参与到农业产业链的各个环节，与农民建立合作关系，共同推动特色产业的发展。

第三节　成功案例介绍及其启示意义

一、案例选择原则

在选择成功电商与浉水蜜柚产业合作的案例时，我们需要遵循一系列原则，以确保所选案例具有显著的代表性和可复制性，从而为浉水蜜柚的电商合作提供深刻的启示。首先，我们要确保所选择的案例直接涉及浉水蜜柚产业，特别是在电商合作和农产品深加工等方面取得了成功的案例。

其次，案例的代表性至关重要。这意味着所选案例应当能够在一定程度上反映电商与农业产业合作的普遍规律，而不仅仅是某个特定环境或条件下的个例。通过具有代表性的案例，我们能够更好地理解在电商与农产品合作中可能遇到的各种挑战和机遇，提炼出通用的成功经验。

再次，案例的可复制性是确保选取案例具有广泛应用价值的重要因素。这涉及评估所选合作模式是否适用于其他地区的农产品产业，尤其是对浉水蜜柚产业而言。具备可复制性的案例意味着其成功经验可以在不同的地理、经济和社会背景下推广，从而为更广泛的农业产业提供借鉴和启示。

二、案例的具体介绍和分析

(一) 案例选择：京东电商平台与浉水蜜柚合作

1. 合作背景

京东作为国内知名的电商平台，与浉水蜜柚合作是基于共同发展、互惠互利的原则。该合作旨在通过电商平台的线上销售和宣传，提升浕水蜜柚的知名度，拓宽销售渠道，同时依托电商平台的技术和资源，推动蜜柚深加工产业的发展。

2. 合作模式

双方建立了紧密的合作关系，京东提供了浕水蜜柚专区，通过品牌推广、特价促销等方式提高产品曝光度。同时，浕水蜜柚通过京东的物流体系，实现了全国范围内的配送，解决了传统销售中的地域限制问题。

3. 深加工推动

京东平台不仅是销售的渠道，还在深加工方面发挥了积极作用。通过与京东自有品牌的合作，推出了蜜柚汁饮料、蜜柚酱等深加工产品，提高了产品的附加值，满足了不同消费层次的需求。

4. 数据支持与精准营销

京东平台通过大数据分析，了解消费者的购买习惯和偏好，为浕水蜜柚的精准营销提供了有力支持。通过个性化推荐、发放优惠券等方式，提高了消费者对浕水蜜柚的购买兴趣。

（二）**案例分析**

1. 成功因素

（1）强大的电商平台支持

京东平台的影响力和技术实力为浕水蜜柚的推广提供了强大支持，保障了产品的曝光度和销售渠道。

（2）全国范围的物流体系

通过京东的物流体系，浕水蜜柚产品实现了在全国的快速配送，解决了地域限制问题，提高了产品的市场覆盖率。

（3）深加工与附加值提升

与京东自有品牌的合作，推动了浕水蜜柚深加工的发展，提高了产品的附加值，增加了盈利空间。

2. 问题与挑战

（1）电商平台费用压力

与大型电商平台合作，可能会面临一定的平台费用压力，需要在合作中平衡成本和效益。

（2）依赖性过高

过度依赖某一电商平台可能使农产品产业对该平台的政策和变化产生过多

依赖，增加了经营的不确定性。

（三）从案例中获取的经验与启示

1. 电商合作的经验

（1）建立紧密合作关系

建立长期战略合作关系：与电商平台建立长期的合作伙伴关系，共同发展，形成互利共赢的局面。

（2）线上销售渠道的优势

解决地域限制：利用电商平台的全国物流网络，解决传统销售中的地域限制问题，拓宽产品的销售范围。

2. 深加工的经验

（1）提高产品附加值

多样化深加工产品：与电商平台合作，推动农产品深加工，开发多样化的深加工产品，提高产品的附加值，满足多层次的消费需求。

（2）与自有品牌合作

与平台自有品牌合作：与电商平台自有品牌合作，推动农产品与其他品类的深度融合，提升产品的市场竞争力。

3. 数据支持与精准营销的经验

（1）大数据分析应用

利用大数据进行精准营销：充分利用电商平台提供的大数据，了解消费者需求，实施个性化的精准营销策略，提高销售效果。

（2）建立品牌形象

品牌推广与营销：通过电商平台，加大品牌推广力度，通过活动、促销等方式提高产品的知名度和美誉度，建立有吸引力的品牌形象。

4. 问题与挑战的处理经验

（1）平台费用管理

成本与效益的平衡：在与电商平台合作中，要谨慎管理平台费用，保持合作的成本与效益的平衡，确保农产品产业的可持续发展。

（2）降低对某一平台的依赖度

多平台合作：降低对某一电商平台的依赖度，可以考虑与多个平台合作，分散风险，提高稳定性。

5. 启示意义

（1）电商合作是农产品产业发展的重要途径

电商合作对农产品产业发展具有显著的重要性，主要表现在拓宽销售渠道方面。通过借助电商平台，农产品生产者能够迅速实现销售渠道的多元化，从而解决传统销售模式中存在的地域限制，显著提高市场覆盖率。

电商平台作为先进的信息技术工具，为农产品提供了全球范围内的销售渠道，打破了传统的地域壁垒，使农产品有机会进入更广泛的市场。传统销售渠道通常受制于地理位置、物流限制，而电商平台通过物流网络的建设，实现了快速、便捷、廉价的商品配送，将农产品送达消费者手中，为农产品销售提供了全新的可能性。

最后，电商平台具备巨大的用户基础，可以通过精准的数据分析、个性化的推荐系统，更好地满足消费者需求。农产品通过电商平台销售，能够借助平台的大数据分析，更准确地了解市场需求，根据消费者的喜好进行生产和推广，提高产品的市场适应性。

（2）深加工是提升附加值的有效手段

深加工被认为是提升农产品附加值的有效手段，其主要机制在于通过将农产品进行加工，推动生产链向加工端延伸，从而开发多样化的产品，实现提高产品附加值的目标，创造更多盈利空间。

第一，深加工为农产品注入了更多的价值。传统上，农产品主要以原生形态进入市场，受限于季节性和鲜活性，其市场价值相对较低。通过深加工，农产品得以在质地、口感、保质期等方面进行改良和提升，使其能够更好地适应不同消费者的需求。例如，针对浈水蜜柚，可以开发蜜柚酱、蜂蜜柚子茶、柚香酥等多样化产品，满足不同消费场景和口味偏好，提高了产品的市场竞争力。

第二，深加工有助于提高产品的附加值。在农产品经过深加工后，其附加值得以显著提升。以浈水蜜柚为例，通过深加工可以生产蜜柚酱等产品，这些产品在保留了浈水蜜柚味道的基础上，通过加入其他食材或改良生产工艺，提高了产品的口感、品质和功能性，从而更好地满足消费者的需求。这种附加值的提升有助于产品在市场中取得更高的价格，实现更好的经济效益。

第三，深加工还能够延长农产品的保质期，减少资源浪费。对于易腐的农产品而言，深加工可以将其加工成更为稳定的形态，延长产品的货架期，减少因产季限制而导致的资源浪费。这对于提高农产品的整体经济效益和可持续发展具有积极意义。

（3）大数据分析助力精准营销

大数据分析在农产品营销中的应用，尤其是在精准营销方面，具有显著的作用。通过深度挖掘和分析庞大的数据集，企业能够更加精准地了解消费者的需求，实施个性化的服务和精准营销策略，从而提高购买欲望，促进销售增长。

第一，大数据分析为企业提供了更全面、准确的消费者信息。通过收集和分析消费者在电商平台、社交媒体等渠道上的行为数据，企业可以深入了解消费者的购物偏好、浏览习惯、点击记录等信息。这些数据不仅包括消费者的基本信息，还能揭示其隐藏在背后的消费心理和需求。借助这些信息，企业可以更精准地把握目标客群，为其提供更符合个性化需求的服务和产品。

第二，大数据分析支持个性化的精准营销策略。通过对消费者行为数据的深入挖掘，企业可以建立消费者画像，准确把握其兴趣爱好、购物偏好、消费水平等特征，为其量身定制个性化的营销推广方案。这种个性化服务不仅能够提高消费者的购物体验，还能够激发其购买欲望，增强品牌忠诚度。例如，在浕水蜜柚销售过程中，通过大数据分析，企业可以了解到消费者对蜜柚的口感偏好、购买频率等信息，有针对性地进行促销活动或推出新品，更好地满足消费者的需求。

第三，大数据分析还支持企业进行市场细分和精准定位。通过对市场数据的分析，企业可以识别出不同细分市场的特点和潜在需求，有针对性地推出适应各个市场的产品和服务。在浕水蜜柚产业中，通过大数据分析可以明确不同地区、不同年龄层次、不同消费水平的消费者需求，有助于制定更有针对性的销售策略，提高销售的精准性和效果。

（4）降低对某一平台的过度依赖

在农产品的电商运营中，降低对某一平台的过度依赖是一项关键的策略，多元化合作成为实现这一目标的有效手段。通过与多个电商平台展开合作，农产品生产者和销售商能够分散风险、提高经营的稳定性，同时获取更广泛的市场机会。

第一，多元化合作有助于降低市场风险。过度依赖某一平台，一旦该平台出现问题或政策变化，将对农产品的销售和推广产生严重的负面影响。通过与多个平台建立合作关系，农产品企业能够分散风险，降低受单一平台风险的影响程度。不同平台可能受到不同的市场、政策、地域等因素的影响，通过多元化合作，企业能够更好地适应不同的市场环境，确保稳定地运营。

第二，多元化合作有助于扩大市场覆盖面。不同的电商平台拥有不同的用户群体和市场覆盖区域，与多个平台合作，农产品能够触达更广泛的消费者群体。这有助于提高品牌的知名度，拓展销售渠道，实现更大范围的市场覆盖。在浉水蜜柚产业中，与多个电商平台合作，能够使浉水蜜柚的销售网络覆盖更广泛的地区，满足不同地区消费者的需求，提高销售量和市场份额。

第三，多元化合作还能够带来更丰富的资源和支持。不同的电商平台在市场推广、物流配送、支付体系等方面可能有不同的优势和资源，通过合作可以充分利用这些资源，提高企业的整体竞争力。例如，某一平台在线上市场推广方面表现优异，而另一平台在物流配送上有更强大的支持，通过多元化合作，企业能够充分利用各平台的优势，形成互补，实现更加高效的运营。

6. 案例启示总结

通过对京东与浉水蜜柚的成功合作案例的分析，我们可以得出一系列的启示。在电商合作中，建立紧密的长期合作关系是取得成功的重要因素之一。京东与浉水蜜柚建立了深度合作关系，通过双方的共同努力，实现了互惠互利的局面。这表明，在电商合作中，双方应该注重长期的战略合作，而非短期的交易关系，以建立更加稳固和可持续的伙伴关系。

另一方面，充分利用线上销售渠道的优势是提高销售效益的有效途径。通过电商平台，浉水蜜柚能够突破传统销售的地域限制，迅速拓宽销售渠道，实现全国范围内的销售。这提示浉水蜜柚产业在电商合作中应该充分发挥线上平台覆盖面广、用户量大的优势，通过数据分析等手段精准推广，提高市场覆盖率和消费者的认知度。

推动农产品深加工也是实现农产品附加值提升的关键举措。通过深加工，农产品不仅能够延长产业链，还可以开发多样化的产品，提高产品的附加值，创造更多盈利空间。浉水蜜柚通过与京东的合作，深加工推出了多种蜜柚产品，进一步满足了消费者多样化的需求，提升了产品的市场竞争力。这对于浉水蜜柚产业来说，意味着应该在电商合作中注重产品的深度加工，不仅是简单的销售，更要通过技术创新和研发投入，推动农产品的附加值不断提升。

最后，要注意处理好与电商平台的合作关系，谨慎管理费用，减少对某一平台的过度依赖，保持合作的稳定性。在浉水蜜柚产业与京东的合作中，管理费用的谨慎运用，以及对多平台合作的尝试，都是非常值得借鉴的经验。这提示浉水蜜柚产业在电商合作中应该保持灵活性，适时调整合作策略，避免对某一平台的过度依赖，确保合作的持续稳定性。

第七章 结论与展望

第一节 主要研究结论回顾

一、农村电子商务对乡村振兴的总体贡献

通过对农村电子商务与乡村振兴的深入剖析，我们得出了以下结论：

（一）农村电子商务对乡村振兴的新动力

农村电子商务作为新兴商业模式，对乡村振兴的推动作用突显。这一新动力不仅在经济层面体现为市场拓展与产业升级，更在社会层面推动了农村社会结构的变革。通过提供便捷的线上交易平台，农产品和乡村特色商品更容易融入城市市场，从而促进乡村经济的全面发展。这一过程中，电子商务的数字化特性为传统产业注入了新活力，成为乡村产业结构优化的引擎。

电子商务在优化乡村产业结构的过程中，不仅提高了农产品的附加值，还带动了相关产业链的发展。通过数字化的市场拓展，农产品从单一的传统销售模式转变为多元化的线上销售渠道，为农民提供了更广阔的收入增长空间。农民通过电子商务平台将产品推向全国，不仅增加了销售额，更提升了农民在价值链中的地位。这种变革不仅对农民个体经济产生积极影响，也为整个乡村经济创造了新的增长点。

（二）电子商务对农民收入的积极影响

电子商务对农民收入的提升并非仅仅停留在销售渠道的拓展上。通过电商平台，农民有机会通过深加工、品牌打造等方式实现农产品增值，提高销售价格。这不仅增加了农产品的附加值，也为农村创造了更多的就业机会，促进了产业链的延伸。在数字经济时代，农民通过电子商务平台与外界更紧密地互动，不仅实现了销售收入的增加，也在生产和销售环节中获得了更多的技能培训，提高了农民的综合素质。

农民收入的增长不仅体现在单一产业上，更体现在乡村产业结构的多元化。电子商务的引入不仅提高了传统农业的效益，也为乡村带来了新的商机。通过

线上销售乡村特色商品、农家乐、旅游服务等，农民在传统农业之外寻找到了新的收入来源。这一多元化的收入模式为农村经济的全面振兴提供了坚实基础，使农村在数字经济时代更具韧性。

（三）电子商务对乡村社会的积极影响

电子商务不仅在经济层面为乡村带来新的活力，也在社会治理方面展现出创新的潜力。通过线上治理和公共服务，农村治理模式得以创新。电子商务平台为乡村提供了数字化的社会管理工具，促进了信息的透明化和农村治理的科学化。有了数字技术的支持，政府能够更加高效地提供公共服务，实现了对乡村治理的精准化管理。

电子商务的发展提升了乡村的公共服务水平。通过在线教育、医疗等服务，电商平台帮助乡村弥补了传统公共服务的短板。尤其在偏远地区，电商平台提供了便捷的健康服务和教育资源，加强了城乡间的公共服务均衡。这种服务水平的提升不仅改善了农民的生活质量，也为乡村振兴提供了更为稳固的社会基础。

二、优化路径与策略的主要发现

通过对农村电子商务发展的优化路径和策略的研究，我们总结出以下主要发现：

（一）强化对农村电子商务发展路径的战略引导

在深入研究中，我们发现强化对农村电子商务发展路径的战略引导是确保其更好地服务于乡村振兴的关键一环。这需要政府、企业和研究机构共同努力，形成系统性的政策体系。首先，政府应制定更加明确的电子商务政策，以适应不同地区和不同发展阶段的需求。在政策引导下，电子商务可以更好地对接乡村振兴的实际需求，促使其在产业结构升级、农业现代化等方面发挥更大作用。

此外，研究机构可以通过深入调查和数据分析，为政府提供更科学的决策支持。通过深入挖掘电子商务在不同地区的发展现状和特点，制定更加精准的政策，以保证其在乡村振兴过程中取得更显著的效果。因此，战略引导需要政府、企业和研究机构的密切协作，形成协同合力的局面，以确保电子商务发展与乡村振兴战略的无缝对接。

（二）企业和农户参与电子商务的鼓励与培训

另一项重要发现是，企业和农户在电子商务领域的积极参与需要得到鼓励与培训。电子商务作为一项技术密集型产业，需要更多乡村企业和农户掌握相关技能，提高在数字经济时代的竞争力。在政府的引导下，可以建立培训机制，为乡村企业和农户提供与电子商务相关的技术和管理培训。

鼓励农民参与电子商务的同时,也需要提高其对数字经济的认知和适应能力。在这方面,政府和企业可以共同合作,通过开展系列培训活动,为农民提供数字技术的基础知识,使他们更好地利用电子商务平台。这不仅有助于农民更好地参与电商活动,也为他们提供了更多在数字时代立足的机会。

(三)电子商务平台建设与升级的技术创新

我们还发现,农村电子商务平台的建设与升级需要注重技术创新,以提升其运营效能和用户体验。首先,电子商务平台的基础设施需要不断升级,以应对日益增长的用户数量和更为复杂的业务需求。这需要引入更先进的技术,如云计算、大数据分析等,提高平台的稳定性和响应速度。

同时,在用户体验方面,电子商务平台需要更加注重人机交互的设计。通过引入人工智能技术,用户在平台上的操作更为简便,提高用户粘性。此外,更具个性化的推荐系统和定制服务也是提升用户体验的有效手段,用户更愿意在平台上进行购物和交易。

第二节 政策建议与实践启示

一、针对性的政策制定建议

(一)制定支持农村电子商务发展的政策

政府在农村电子商务发展中发挥着引导和推动的关键作用。首先,建议政府制定更加明确的支持农村电子商务发展的政策,以确保其更好地服务于乡村振兴战略。这一政策体系应该包括多个方面的内容,涵盖产业发展、技术支持、人才培养等方面。政府可以通过设立专门的政策指导机构,及时调整和完善政策,以适应电子商务在不同阶段的发展需求。

在政策方向上,政府可以制定鼓励农产品电商、特色乡村电商平台等相关业态的政策,为农民提供更多参与电商的支持和便利。此外,政府还可以通过税收优惠、贷款支持等手段,鼓励农村电子商务企业在发展过程中更好地履行社会责任,促进电商与农村振兴相互促进。

(二)加大对数字基础设施建设的投入

数字基础设施是农村电子商务发展的基础,因此,建议政府加大对数字基础设施建设的投入。首先,要提高农村地区的网络覆盖率,确保农民在任何时候都能够方便地接入互联网。此外，还需提高通信质量，以保障电商平台的稳定运行和用户体验。

政府可以通过与通信运营商的合作，建设更多的通信基站，覆盖农村偏远地区，确保网络信号的稳定性。此外，还可以鼓励企业参与基础设施建设，通过PPP（政府和社会资本合作）模式推动数字基础设施的建设，为农村电子商务提供更强有力的支持。

（三）设立专项资金支持农村电子商务创新

为了促进农村电子商务的创新，政府应设立专项资金，用于支持农村电子商务领域的研发和创新。这些专项资金可以通过竞赛、评选等形式进行拨付，鼓励各类电商企业和创业者在技术研发、平台升级等方面进行创新性工作。这有助于提升农村电子商务的核心竞争力，使其更好地适应市场需求。

政府还可以通过建立产学研用结合的创新机制，将科研成果迅速转化为实际生产力。为鼓励企业参与技术创新，政府可以给予税收优惠、研发补贴等政策支持，以降低其创新成本。这些政策的制定旨在建立更为良好的创新生态环境，推动农村电子商务行业持续健康发展。

二、实践者应采取的策略与措施

（一）企业和农户要促进自身的数字化转型

实践者，尤其是企业和农户，在农村电子商务发展中扮演着关键的角色。首先，建议他们促进自身的数字化转型，提高数字化素养。这包括了解和应用最新的数字技术，熟练掌握电商平台的操作，以及利用数据分析工具进行业务优化。通过培训和学习，实践者能够更好地适应数字化环境，提高其在电子商务中的竞争力。

此外，实践者应积极参与农村电子商务的发展。企业可以通过建立自己的电商平台或加入已有平台，拓展销售渠道，提高产品的市场占有率。农户则可以利用电商平台将自己的产品推向更广阔的市场，实现产业升级和收入增长。实践者需要充分认识到数字经济时代的机遇，主动融入电子商务的发展潮流，实现自身的可持续发展。

（二）加强合作与共建

在农村电子商务发展中，加强合作与共建是实践者应采取的重要策略之一。企业和农户可以通过建立合作关系，形成产业链的合理布局和互补优势。合作有助于整合资源，提高效益。例如，农户可以通过与电商平台合作，实现产品的快速推广和销售；企业可以与农业合作社等机构建立合作关系，确保原材料的稳定供应。

共建产业链不仅有助于提高整体竞争力，还能够降低成本、分享风险。实践者应该明智选择合作伙伴，注重互信与互惠，共同推动农村电子商务的可持续发展。政府可以通过提供奖励政策，引导企业和农户加强合作，形成更加健康、稳定的产业链格局。

（三）注重用户体验

为了吸引更多用户参与农村电子商务，实践者需要注重用户体验。这包括提升电商平台的易用性、改善用户界面设计，以及提高服务质量。企业和农户应该关注用户的需求和反馈，不断优化产品和服务，提高用户的满意度。

实践者还可以通过引入个性化推荐、定制服务等方式，增强用户粘性。这需要在平台运营中加强数据分析，深入了解用户的购物行为和偏好，以提供更个性化的服务。通过关注用户体验，实践者可以更好地满足用户的需求，提高平台的市场竞争力。

（四）加强从业人员培训

为了推动农村电子商务从业者的素质提升，实践者需要加强培训。这包括对企业管理人员、电商平台操作员、物流从业人员等多个层面的培训。培训内容应涵盖相关的法规政策、技术应用、市场营销等多个方面，以提高从业人员的综合素质。

政府、企业协会等组织可以共同组织培训课程，为农村电子商务从业者提供更为系统和专业的培训。培训不仅有助于提高从业人员的专业水平，也能够推动行业的良性发展。培训还可以通过线上线下相结合的方式进行，更好地满足不同群体的需求。通过不断提升从业人员的素质，农村电子商务行业有望在数字经济时代取得更大的成功。

第三节　研究不足与展望未来研究方向

一、本研究的局限性和不足之处

（一）数据局限性

在研究中，我们必须正视数据的局限性，这主要受到数据获取条件的限制。由于资源和时间的有限性，我们无法对所有地区或特殊情境进行充分深入地研究。这可能导致我们的结论在某些情境下的普适性受到影响，限制了对农村电子商务发展多样性的全面理解。

为了克服这一局限性，未来的研究可以尝试采用更广泛的数据采集手段，包括与相关机构、地方政府以及电商平台合作，以获取更丰富、全面的数据。同时，可以考虑采用深度访谈等定性研究方法，以更全面地了解特定地区或情境下的实际情况。

（二）方法创新

在研究方法上，我们承认还存在提升的空间。尽管我们采用了系统性地分析和实证案例的方法，但仍有待更深层次的方法创新。未来研究可以尝试结合更多前沿技术，如人工智能、大数据分析等，以深入挖掘数据背后的深层次信息。

引入人工智能技术可以使研究更为智能化，通过算法的分析能够更准确地识别和理解数据中的模式和趋势。大数据分析则能够更全面地处理大规模数据，为研究提供更为全面的视角。这些方法的引入将有助于提高研究的准确性和深度，使研究更具前瞻性和科技含量。

（三）时间局限性

由于研究时间有限，我们对农村电子商务长期发展趋势的预测较为有限。研究仅能提供对当前时点的深入分析，对未来可能的变化和趋势的把握仍有局限性。

二、未来研究的拓展方向和深化课题

（一）区域差异研究

区域差异是影响农村电子商务发展的重要因素之一，深入研究这一差异性及其原因对于为地方政府提供更具体的政策建议具有重要意义。

首先，我们需要关注不同地区的经济发展水平和基础设施建设水平对农村电子商务的影响。经济相对发达的地区可能具有更高的数字化水平和消费能力，有利于电商平台的发展。而在基础设施建设方面，网络覆盖率、物流体系等因素也对电子商务的推广产生直接影响。

其次，文化和教育水平的不同也是导致区域差异的重要原因。文化差异可能影响消费者对电商的接受程度，而教育水平的差异则可能影响从业人员对数字技术的运用能力，进而影响农村电子商务的发展。在政策环境方面，不同地区的政府扶持政策、产业规划等也会对农村电子商务产生显著的影响。一些地方可能更加注重农村电商平台的建设和扶持，而另一些地方则可能更加注重传统产业的发展。

再次，地理环境和资源禀赋的差异也是导致区域差异的重要因素。一些地区由于地理位置的优势，可能更容易形成物流中心，有助于农产品的流通；而一些资源丰富的地区可能更适合发展特色农产品电商。因此，为了更具体地为地方政府提供政策建议，需要综合考虑各个方面的因素，制定差异化的政策，以促进不同地区农村电子商务的可持续发展。这可能包括制定更有针对性的扶持政策、加强基础设施建设、推动数字化教育和培训等方面的措施，以更好地满足不同地区的发展需求。

（二）跨学科研究

跨学科研究是深入理解农村电子商务在乡村振兴中综合影响的关键途径之一。首先，将农村电子商务与农业领域进行跨学科研究能够深刻揭示其在农村产业升级中的作用。通过结合农业经济学的理论，可以探讨电商平台如何促进农产品的精准推广和销售，以及如何提高农产品附加值。同时，环境科学的观点也可以被引入，以评估农村电子商务对生态环境的影响，特别是在物流、包装等方面对环境可持续性的挑战。

其次，将农村电子商务与社会科学领域结合，可深入研究其对乡村社会结构和治理模式的影响。从社会学和政治学的角度，可以分析电商在乡村社区中如何构建新的社会关系网络，以及电商平台在乡村治理中的角色。此外，心理学和文化学的视角也能帮助理解农民在数字化时代的心理状态和文化认同，从而更好地引导电商与当地文化的融合。

再次，融入农村电子商务与环境科学的跨学科研究可以深入挖掘其在乡村生态文明建设中的推动作用。通过综合考虑电商对物流体系、能源消耗等方面的影响，可以量化其对乡村生态环境的可持续贡献。这种综合性的研究有助于制定相应的环保政策，从而促进农村电子商务的可持续发展。

（三）用户行为研究

用户行为研究是深入理解农村电子商务平台运营的关键环节。通过对用户行为习惯、需求和反馈的深入分析，我们可以为平台的优化和个性化服务提供更为科学的依据。首先，对用户行为的深入了解有助于揭示他们在农村电子商务平台上的购物习惯和偏好。通过分析用户的浏览、搜索、购买等行为数据，我们可以识别出他们对哪些产品或服务更感兴趣，从而为平台提供有针对性的推荐和个性化服务，提高用户满意度和购物体验。

其次，研究用户需求能够为平台提供产品和服务的精准定位。了解用户的需求不仅是满足当前需求，更是预测未来趋势。通过问卷调查、深度访谈等方式，我们能够获取用户的意见和建议，从而更好地了解他们的期望和未满足的需求。这有助于平台更好地制定发展战略，推出更符合用户期待的产品和服务。

再次，分析用户反馈是提升平台服务质量的有效途径。用户反馈不仅包括对产品的评价，还包括对物流、客服、支付等方面的评价。通过挖掘用户反馈数据，我们可以及时发现和解决问题，提高平台的整体运营效率。此外，用户反馈也是改进和创新的重要信息源，为平台持续优化提供了有力的支持。

最后，用户行为研究对于建立用户画像和精准营销也有着重要意义。通过数据分析，我们能够构建不同用户群体的画像，了解他们的特征和差异。这有助于平台制定差异化的营销策略，更精准地满足不同用户群体的需求。个性化的营销和推广活动能够提高用户参与度和忠诚度，从而推动平台的长期稳定发展。

参考文献

[1] KAPTEIN, MAURITE, PETRI. Advancing E-commerce Personalization：Process Framework and Case Study[J].Internationl Journal of Electronic Commerce.2015，19（3）：7-33.

[2] WEN W. A Knowledge-based intelligent electronic commerce system for selling agricultural products[J].Computers&Electronics in Agriculture.2007，57（1）：33-46.

[3] RAHAYU R，DAY J．Determinant Factors of E-commerce Adoption by SMEs in Developing Country：Evidence from Indonesia[J]．Procedia - Social and Behavioral Sciences，2015（195）：142-150.

[4] POTOGLOU D，PALACIOS J F，C FEIJÓO. An integrated latent variable and choice model to explore the role of privacy concern on stated behavioural intentions in e-commerce[J]. Journal of Choice Modelling, 2015（17）：10-27.

[5] KOMATSU S．The Impact of Rural E-Commerce Development on Rural Income and Urban-Rural Income Inequality in China：A Panel Data Analysis[J]．International Association of Agricultural Economists，2021（8）：17-31.

[6] 赵玉明，侯新华，李丽．电子商务概论[M]．江西：江西高校出版社，2019.

[7] 伍聪．电子商务发展与乡村振兴战略：以西藏地区为例[M]．北京：中国人民大学出版社，2021.

[8] 李永飞．中国农村电子商务精准扶贫模式和路径研究[M]．武汉：武汉大学出版社，2020.

[9] 唐宜英．浅议我国农村电子商务发展及对策[J]．考试周刊，2012（8）：113-114.

[10] 曾德彬，卢海霞．农村电子商务提高农民收入和消费的原理研究：基于科斯的"交易成本"视角[J]．商业经济研究，2020（13）：137-139.

[11] 张正荣，杨金东．乡村振兴视角下农村电商如何优化"工业品下行"路

径：基于"双链"耦合机制的扎根研究[J].农业经济问题，2019（4）：117-119.

[12] 陈娟.农村电子商务发展面临的挑战与创新途径[J].产业创新研究，2021（16）：131-132.

[13] 李玲芳，徐思远，洪占卿.农村电子商务的问题与对策[J].中共福建省委党校学报，2013（5）：70-74.

[14] 陈享光，汤龙，唐跃桓.农村电商政策有助于缩小城乡收入差距吗：基于要素流动和支出结构的视角[J].农业技术经济，2023（3）：89-103.

[15] 张兴敏，吴亮，罗正敏.供给侧结构性改革背景下农村电商促进农业产业结构优化路径研究[J].铜仁学院学报，2019（5）：120-124.

[16] 李丽.农村电子商务存在的问题及模式创新探析[J].信息周刊，2019（11）：158-159.

[17] 潘劲平，王艺璇.技术的社会嵌入：农产品淘宝村形成机制研究：基于W村的实证分析[J].西南大学学报：社会科学版，2020（1）：61-68.

[18] 宋丽霞.打造农村电商产业集群的现实路径[J].人民论坛，2019（28）：61-63.

[19] 张丽群，顾云帆，高越.农村电子商务"一体两翼"发展模式演变[J].商业经济研究，2020（21）：143-145.

[20] 侯艳艳.浅析农村电商在促进区域经济发展的新模式[J].商场现代化，2017（18）：45-46.

[21] 乔改红.我国农村电商自媒体运营模式分析[J].山西农经，2020（21）：63-64.

[22] 陈春茹.5G背景下农村电子商务企业运营模式优化路径分析[J].江苏商论，2020（12）：33-35.

[23] 郑洁.乡村振兴背景下农村电商发展模式与运营体系构建[J].商业经济，2021（2）：115-116.

[24] 苗志明，李义靖，王子健.河南省农村电商发展现状及策略分析[J].农村经济与科技，2021，32（15）：154-156.

[25] 赵雪峰，孙东涛.农村电商直播助力乡村振兴"产业＋人才"发展策略研究[J].商场现代化，2021（18）：43-45.

[26] 项凯.农村电商直播之于乡村振兴战略的成效、问题及建议[J].农村经济与科技，2021，32（4）：165-166.

[27] 杨文娟.我国农村电商直播助力农产品营销的对策研究[J].黑龙江工业学院学报（综合版），2021，21(5)：96-101.

[28] 赵俊雅，徐晓燕.农村电商直播助力乡村振兴的策略研究[J].中国储运，2020(11)：141-142.

[29] 杨天红.乡村振兴背景下农村电商直播助力产业发展策略研究[J].长春金融高等专科学校学报，2021(2)：73-76.

[30] 周容.农村电商直播助力乡村产业振兴策略研究[J].商讯，2021，260(34)：170-172.

[31] 赵阳.农村电商直播助力产业发展模式研究[J].中国管理信息化，2021，24(22)：78-79.

[32] 谭燕伟.农村电商直播助力乡村振兴的策略研究[J].中国新通信，2021，23(20)：145-146.